紀文がかなえる

ちくわ・はんぺん・かまぼこの楽しい世界

株式会社 紀文食品

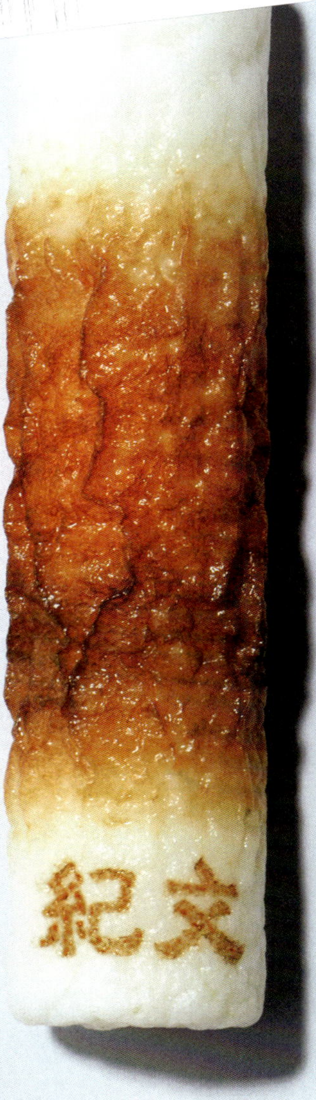

主婦の友社

ようこそ！
紀文の楽しい世界へ

この本を手に取ってくださった皆さま、ありがとうございます。
紀文食品《きぶんしょくひん》と申します。

紀文食品は、1938年に創業して以来、長きにわたり、
食を通じておいしさと楽しさ、そして明るく健康的な食卓をご提案してきました。

皆さまが「紀文」と聞いて、思い浮かぶ食品は何でしょうか。
おそらく〝魚肉の練り物〟を思い浮かべた方が多いと思います。

紀文の創業者・保芦邦人《ほあしくにひと》は、創業後、東京・築地に拠点を設け、
海産物の卸売りを経て、練り物製造へ着手する運命的な出会いをしています。
以後、「やるからには日本一の蒲鉾《かまぼこ》屋になる」という大きな夢を胸に抱き、
保芦は練り物の製造に着手。味・品質・衛生など全てを高い水準で保ちながら
お客さまのお手元へ商品を届けるという今日の紀文の基礎を確立したのです。

今回、この本では、練り物の中でも、多くの方から支持をいただいている
ちくわ、はんぺん、かまぼこの3種に焦点を当てて

はじめに

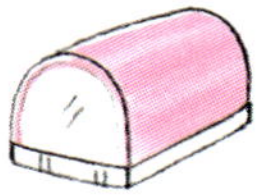

さまざまな楽しいコンテンツを詰め込みました。
紀文といえば、最近はX（旧Twitter）にて
紀文【公式】（@kibun_kitchen）のアカウントで情報を発信し、
お客さまとコミュニケーションをとらせていただいています。

「紀文」を「のりふみ」と読んでいただいたことから
フォロワーの皆さまを親しみを込めて「のりふ民」、と呼ばせていただいています。
実に38万人以上（2024年10月現在）ののりふ民さまに支えられ、
さらに今回のこの本のレシピにもご協力いただきました。
いつも温かいご支援をいただき、誠にありがとうございます。

まずは、この本で「紀文」という会社と商品の魅力を知っていただき、
毎日の食卓が、さらに楽しく明るくなる一助となれば幸いです。

それでは、どうぞ紀文の楽しい世界をお楽しみください。

株式会社　紀文食品

紀文がかなえる ちくわ・はんぺん・かまぼこの楽しい世界

PART
1

どこまで知ってる?

紀文
トリビア

この本を手に取ってくださった皆さまは、
紀文のことをどのくらいご存じでしょうか。
紀文公式Ｘにて、
反響が大きかったものを中心に
クイズにしてみました。

Q.1

紀文って、練り物だけを売っている会社なの？

A.1

いいえ。練り物だけでなく中華もデザートも取り扱う食品メーカーです

紀文食品、と聞くと、ちくわ、はんぺん、かまぼこ、おでん種、といった魚肉の練り物を製造・販売している会社を連想する方が多いですよね。でも、実は、餃子や肉まんなどの中華惣菜、「とうふそうめん風」などの麺状加工品、ごまとうふなどの涼味、「切れてる厚焼玉子」といった玉子加工品、デザートなどを幅広く取り扱う総合加工食品メーカーなのです。

　これらは全国6カ所の工場や仕入れ先で製造され、皆さまの手元に届けられています。ぜひスーパーやコンビニなどで「紀文」マークを探してみてください。

Q.2

紀文のロゴって、何を表してるの？

A.2

「ハートフラワー」は「紀文」「消費者の皆さま」「流通業の皆さま」を表しています

作り手の紀文

消費者の皆さま

流通業の皆さま

紀文

紀文のロゴの赤いマークは「ハートフラワー」といいます。この3つのハートマークはそれぞれ、作り手である「紀文」と「消費者の皆さま」「流通業の皆さま」を表していて、三者の心と心の触れ合いの大切さ、パートナーシップの素晴らしさ、そして感謝の心を表現しています。

この特徴的な赤色は「KIBUNレッド」と呼ばれていて、コミュニケーションを大切にする熱い気持ちや情熱を表しているんですよ。

このロゴを見かけたら、私たちのそんな思いを感じ取っていただけるとうれしいです。

Q.3

かまぼこって、なんで板がついているの？

A.3

余分な水分を吸収して おいしさを保つためです

かまぼこは主に、調味料を混ぜたすり身を板の上にのせて蒸しあげる製法で作られています。かまぼこの原料であるすり身はとてもやわらかいので、形が崩れないように板の上にのせて作るのです。

木でできたこの板は形崩れを防いでくれるだけではなく、かまぼこから出る余分な水分を吸収しておいしさを保つ役割も果たしてくれます。必要以上の水分を吸わず、かまぼこと板の間で適度な水分調整がされるため、食卓で弾力のあるかまぼこを楽しむことができるのです。

ちなみに、かまぼこ板にはモミの木がよく使われています。

Q.4

かまぼこ板の上手なはずし方、知ってる？

A.4

包丁の峰を使えば、驚くほどきれいにはずせます

かまぼこを板からはずすとき、板側にかまぼこが残ってしまった経験は誰にでもあるはず。実は「包丁の峰」を使うと、きれいにはずすことができます！

　やり方はとても簡単。はじめに、包装から取り出した板つきのかまぼこをまな板の上に立てます。板を押さえながら、かまぼこと板の間に包丁の峰を少し斜めに差し込み、板に沿うように下ろしてみてください。するっときれいにかまぼこがはずれる様子は快感です！

　残ったかまぼこは、板の上にのせてラップにくるんで保存すると、おいしさがキープできます。

かまぼこと板の間に包丁の峰を入れると……。

かまぼこと板をきれいに分けることができました。

Q.5

はんぺんって、なんであんなにふわふわなの？

A.5

ふわふわの秘密は「卵白」&「やまいも」&「空気」！

ふんわりやさしい食感が大人気のはんぺん。そのふわふわの秘密は、ズバリ！　材料と製造方法にあります。

かまぼこの主原料は魚のすり身ですが、はんぺんはそのほかに卵白とやまいもを加えているんです。さらに、アイスクリームの製法のように空気を含ませながら練りあげることで、あのふわふわな食感を実現しているんですよ。

紀文のはんぺんはそのまま食べてもおいしいですが、つぶしてパンケーキやオムライスなどに混ぜ込むと、いつもの料理をさらにふわふわに仕上げることができます。ぜひ一度お試しあれ♪

Q.6

包丁を使わずに、はんぺんを切るワザ、知ってる？

A.6

袋の上から定規を押し込むだけ！きれいに切れて便利です

はんぺんを切って食べたい……でも、包丁を使うのはめんどう……。

そんなときにおすすめのライフハックが「袋の上から定規を押し込んで切る」方法です！

紀文のはんぺんはとてもふわふわでやわらかいので、袋の上から定規を当てて垂直に押し込むだけで、とてもきれいに切ることができます。四角形でも三角形でもお好みの形やサイズにできるので◎。紀文の公式Xで発信してバズったこの方法、小さいお子さんでも安心ですし、洗い物も減らせますよ！

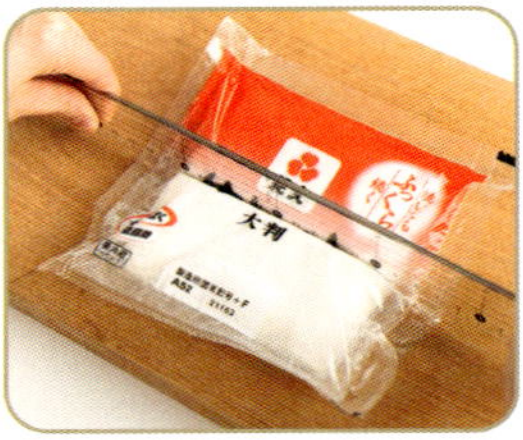

はんぺんの袋の上から定規を当てて軽く押し込む。

Q.7

ちくわは、なぜ穴があいているの？

A.7

魚のすり身を棒に巻きつけて焼いているからです

中心が空洞になった長い円筒状のちくわですが、その特徴的な見た目の秘密は製造工程にあります。

ちくわは、板にすり身をのせるかまぼことは違い、魚のすり身に調味料を混ぜて練りあげたものを棒に巻きつけて、バーナーの中でくるくる回しながら焼き目をつけていきます。そして、ちくわの表面が焼き上がったら、その棒を抜きます。そのため、ちくわの中心には穴があいているのです！

Q.8

ちくわに紀文って書いてある理由知ってる？

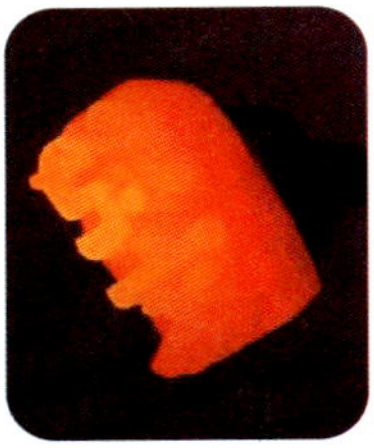

ちくわといったら
「紀文」の焼印。
昔はひとつひとつ手作業で
押印していました。

A.8

紀文の焼印は「品質を保証しています」という証です

紀文のちくわには、「紀文」という焼印が押されています。

この紀文の焼印が始まったのは、１９５１年のこと。当時は商品が個別包装されていなかったので、お店に並べられた商品は、ほかの会社の商品と見分けがつきませんでした。

しかし、「紀文の商品はどこにも負けない！」という商品の品質への絶対の自信と責任、そして「お客さまに紀文の素晴らしさを知ってほしい」という想いから、「紀文」の焼印を押した商品を販売することにしたのです。この焼印は「私たちが品質を保証します」という責任の証しなので、安心して召し上がってくださいね。

Q.9

生ちくわと焼ちくわの違い、わかる？

A.9

「ぼたん模様」がついているのが焼ちくわです

「焼ちくわ」と「生ちくわ」、同じちくわでも実は少し違うんです。一番わかりやすい違いは「見た目」。生ちくわは両端が白く、真ん中あたりに焼き色がついているのに対し、焼ちくわは全体的にぼたん状の焼き目がついているのがポイントです。

どちらも生で食べられるのですが、特に焼ちくわは、おでん、煮物などの加熱調理におすすめです。煮汁が「ぼたん」の部分から染み渡り、食べるときに旨みがジュワッと広がって、それはそれはおいしいこと！

いつもの煮物に、ぜひ焼ちくわをプラスしてみてください。

焼ちくわの
ぼたん模様には
たっぷり汁が
染み込みます。

Q.10

おでんの具を正しく入れる順番、知ってる?

A.10

おでんタイムテーブルを公開！「大根」に始まり「はんぺん」で終わるべし

おいしいおでんを作るコツは、「時間」と「順番」にあり！赤い箱でおなじみの紀文の「おでん　汁の素」のパッケージにも印刷されている『おでんタイムテーブル』は、紀文の長い歴史の中で考案され語り継がれてきた、知る人ぞ知る作り方です。

おでんを煮る時間は45分。具材は大きく4種類に分けられます。これらを投入するタイミングにおいしいおでんの命運がかかっているのです。

たっぷり用意した汁に、グループ分けした具を順番に投入していきます。はんぺんは火を止める直前に入れるのがコツ♪汁をかけながら温めて食べるととってもおいしいですよ。

PART
2

作ってみない？

ちくわ・はんぺん・かまぼこ 簡単＆便利レシピ

ちくわ・はんぺん・かまぼこのおいしさを
めいっぱい味わえるレシピを集めました！
どのレシピも簡単に作れるので、
チャレンジしてみてくださいね。

紀文の公式Xにて
「のりふ民」さまから投稿いただいたレシピには
以下のマークをつけています

のりふ民 Xユーザーさん

紀文がおすすめ!

ちくわ・はんぺん・かまぼこをおいしく食べる5つの方法

❶ そのままで食べる

練り物は、加熱しなくても、そのままでおいしく食べられます。
切って並べるだけで立派な一品に。
しょうゆやわさびじょうゆなど、お好みでどうぞ。

切るだけでOK!レシピ

はんぺんのカプレーゼ風

材料と作り方(2～3人分)

1 はんぺん1枚は縦半分にし、4～5等分のそぎ切りにする。

2 トマト中1個(50g)は半分に切り、さらに4～5等分に切る。

3 器に1と2を交互に並べ、イタリアンパセリを飾る。

4 3にオリーブ油大さじ1とバルサミコ酢小さじ2を回しかけ、お好みで塩と黒こしょうをふる。

❷ のっける&はさむ&射込む

切って具材をのせたりはさんだりするだけで、さらにボリュームアップします。「射込む」とは、ちくわの穴に具を詰めること。見た目の楽しさも広がりますよ!

❸ あえる

歯ごたえがあって食感がいいので、野菜とあえておつまみにしたり、サラダにするのにピッタリ。切り方で味わいも変わりますよ。

❹ 焼く＆炒める

加熱することで香ばしくなり、おいしさアップ！
いつも作っている炒め物に加えるのもおすすめです。

バターといっしょに焼くだけ！レシピ

はんぺんのバター焼き

材料と作り方（2人分）

1 はんぺん1枚は4等分の三角形に切る。

2 フライパンにバター小さじ1とサラダ油小さじ1を熱し、弱火で片面約1分ずつこんがりと焼き色がつくまで焼く。

3 器に盛りつけ、レモン適量を絞り、しょうゆ適量をかけていただく。

❺ ボリューム＆ゴージャスメニュー

はんぺんをつぶしたり、中に具を入れたり、練り物の新しいおいしさが広がるレシピをご紹介！　おもてなしメニューにもピッタリです。

のっける＆はさむ＆射込む

何か一品欲しいときの超簡単レシピ

ちくわボード・納豆

相性抜群のちくわと納豆をご堪能あれ♪

材料・2人分

ちくわ …… 2本
納豆 …… 1パック
みょうが …… 適量
小ねぎ …… 適量

作り方

1 ちくわは長さを半分にし、縦半分に切る。

2 ちくわを器に見立て、納豆、輪切りにしたみょうが、小口切りにした小ねぎの順にのせる。

ちくわボード・コチュジャンマヨネーズ

ごはんのおかずに
ぴったり♪

材料と作り方

1 ちくわ4本は縦半分に切る。

2 みょうが2個（30g）はせん切りにする。

3 ボウルにツナ缶1缶とマヨネーズ大さじ2、コチュジャン小さじ1を入れ、混ぜ合わせる。

4 ちくわを器に見立て、**3**とみょうがをのせ、白いりごまをふる。

のりふ民 chika060102さん

片手でつまめて、
見た目も
可愛い

ちくわのくるくる巻き

材料・2人分

- **ちくわ** …… 2本
- スライスチーズ …… 1枚
- 大葉 …… 2枚

作り方

1. ちくわは縦に切り目を入れて、1枚に開く。
2. ちくわの焼き目を上にして縦長に置き、スライスチーズ1/2枚と大葉1枚をのせ、手前からくるくると巻いていく。
3. 巻き終わり4カ所にピックを刺し、ピックの間を切って4等分にする。同様にもう1本作る。

3品、それぞれのおいしさ広がる!

かまぼこのオードブル

材料と作り方・3人分

かまぼこサンド

1. 1cm厚さのかまぼこ3切れは丸い方から厚みを半分にするように切り込みを入れる(間にはさめるように、下まで切らない)。
2. 1の切れ込みにナチュラルチーズ3枚といくら適量をはさむ。

かまぼこピンチョス

1. 1cm厚さのかまぼこ2枚はいちょう切りにして3切れを使う。
2. ボイルえび3尾とグリーンオリーブ3個(15g)は、えび、オリーブ、かまぼこの順に1つずつピックに刺す。
3. 器にマヨネーズを絞り、2を盛りつける。

かまぼこの生ハムのせ

1. 1cm厚さのかまぼこ3切れは、それぞれ上にクリームチーズ適量を塗る。生ハム3枚を1枚ずつのせ、イタリアンパセリを飾る。

のっける＆はさむ＆射込む

ちくわ射込みレシピ

「射込み」とは、食材の穴などの中に別の具材を詰めること。
紀文のちくわはしなやかで歯ごたえもあるから射込みにぴったり。
やわらかい具材は、ちくわを切ってから射込むのがおすすめです。

カラフルで可愛い！
ちくわ射込みプレート

いろんな味と食感を楽しんで！

おすすめ射込み食材

チーズ

子どもにも大人気の定番食材

きゅうり

きゅうりは縦4つ割りがおすすめ

パプリカ

2色のあざやかな見た目がポイント

たくあん

ぽりっとした食感が楽しい

にんじん

歯ごたえ抜群で栄養満点

ツナマヨネーズ

短く切ってから詰めるのが◎

サラミ

濃い味でおつまみにぴったり

オクラ

星形の切り口が可愛い！

袋に材料を入れてふるだけ！

シャカシャカはんぺんレシピ

作って楽しい！　食べておいしい！
火を使わないから子どもでも簡単に作れる、ふるだけレシピをお試しあれ♪

シャカシャカはんぺんの作り方

1

ポリ袋に、小さな正方形に切ったはんぺんと調味料を入れる。

2

袋に空気を入れたら口をしっかり閉じて、全体に味が行き渡るようにふる。

おすすめの味つけ 和風&洋風&韓国風&中華風!

和風味

- 和風ドレッシング …… 小さじ 2
- 削り節 …… 適量

中華味

- めんつゆ（3 倍濃縮）…… 小さじ 2
- ごま油 …… 小さじ 1
- 青のり …… 小さじ 1

キムチマヨネーズ味

- マヨネーズ …… 大さじ2
- キムチ …… 50g

チーズカレー味

- マヨネーズ …… 大さじ2
- カレー粉 …… 小さじ1/2
- 粉チーズ …… 小さじ2

※全てはんぺん1枚分

あえる

きゅうりがあれば！ 梅があれば！ すぐ一品

シャキ＆ふわの食感が楽しい！

はんぺんときゅうりと長いもの梅肉あえ

材料・2人分

はんぺん……1/2枚
きゅうり…… 1/2本（50g）
長いも……1/10本（50g）
みょうが……1個（15g）
A 梅肉……大さじ1/2
ぽん酢しょうゆ……小さじ1
ごま油……小さじ1/2
削り節……適量

作り方

1 はんぺんは縦半分にし、7mm厚さに切る。
2 きゅうりと長いも、みょうがは太めのせん切りにする。
3 ボウルにAを入れ、混ぜ合わせる。
4 3に1ときゅうり、長いも、みょうがを加えてあえる。器に盛りつけ、削り節をかける。

ちくわの旨みと
さわやかな梅がベストマッチ！

ちくわと きゅうりの梅肉あえ

材料・2人分

- **ちくわ** …… **2本**
- きゅうり …… 1/2本（50g）
- みょうが …… 1個（15g）
- **A** 梅肉 …… 10g
- 　めんつゆ（3倍濃縮）…… 小さじ1

作り方

1. ちくわは長さを半分にし、縦6等分の棒状に切る。
2. きゅうりは長さを半分にし、縦半分に切ってから短冊切りにする。
3. みょうがはせん切りにする。
4. ボウルに**A**を混ぜ合わせ、**1**～**3**を加えてよく混ぜる。

おつまみにも◎なさっぱり一品

かまぼこと みょうがの梅肉あえ

材料・2人分

- **かまぼこ** …… **1/2本**
- みょうが …… 1個（15g）
- きゅうり …… 1本（100g）
- 塩 …… 少々
- **A** 梅肉 …… 小さじ1
- 　みりん …… 小さじ1
- 　しょうゆ …… 少々

作り方

1. かまぼこは7mm厚さのいちょう切りにする。
2. みょうがは縦半分にして薄切りにし、水にさらして水をきる。
3. きゅうりは小口切りにし、塩もみする。
4. ボウルに**A**を混ぜ合わせ、**1**～**3**を加えてあえる。

あえる

あと一品欲しいときの おつまみあえもの

食べ始めたら止まらない！食べ過ぎちゃうかも!?

ちくわとしらすのやみつきあえ

材料・2人分

- ちくわ …… 2本
- 小ねぎ …… 3本（21g）
- しらす …… 20g
- ごま油 …… 小さじ1
- しょうゆ …… 小さじ1/2
- 白いりごま …… 小さじ1

作り方

1. ちくわは5mm厚さの輪切りにする。
2. 小ねぎは小口切りにする。
3. ボウルに全ての材料を入れ、よく混ぜる。

マヨネーズで引き立つ
絶品コンビ♪

ちくわときゅうりのマヨネーズあえ

材料と作り方

1 ちくわ1本は輪切りにする。
2 きゅうり1/2本（50g）は細切りにする。
3 ボウルに1と2、マヨネーズ大さじ1、しょうゆ小さじ1、わさび適量を入れ混ぜ合わせる。

のりふ民 omotimamadayoさん

夏の食卓にぴったりな
ヘルシーな一皿！

ちくわのさっぱりもずく酢あえ

材料と作り方

1 ちくわ1本は輪切りにする。
2 カニカマ2本は粗くほぐす。
3 きゅうり1/4本（25g）は小口切りにする。
4 みょうが1/2個（8g）はせん切りにする。
5 ボウルに1～4ともずく酢1パックを汁ごと入れ混ぜ合わせる。

のりふ民 Xユーザーさん

ちくわとれんこんのごまマヨあえ

ごまマヨで、ちくわの新しい魅力を発見！

材料・2人分

ちくわ……2本
れんこん……1/2個（80g）
糸みつば……適量

A マヨネーズ……大さじ1
白すりごま……大さじ1
めんつゆ（3倍濃縮）……小さじ1

作り方

1 ちくわは7mm厚さの斜め切りにする。
2 れんこんは薄い半月切り（大きいものはいちょう切り）、糸みつばは3～4cm長さに切る。
3 れんこんは、酢少量（分量外）を入れた熱湯でゆでる。
4 3の粗熱が取れたらボウルに入れ、1とみつば、Aを加えてよく混ぜ合わせる。

ちくわのキムチ納豆あえ

ネバネバとピリ辛がたまらない！

材料・2～3人分

ちくわ……2本
キムチ……40g
納豆……1パック
ごま油……小さじ1
小ねぎ……1本（7g）

作り方

1 ちくわは1cm厚さの輪切りにする。
2 小ねぎは小口切りにする。
3 小ねぎ以外の具材を混ぜ合わせ器に盛りつけ、小ねぎを散らす。

はんぺんとオクラの納豆あえ

ふわふわとネバネバの新感覚

材料・4人分

■**はんぺん** ····· **1枚**
オクラ ····· 5本（50g）

A ひきわり納豆 ····· 1パック
　しょうゆ ····· 小さじ1
　練りがらし ····· 小さじ1/2
のり ····· 適量

作り方

1 はんぺんは縦横6等分のさいの目に切る。
2 オクラは塩（分量外）をまぶしてこすり合わせ、さっとゆでて冷水にとり、5mm幅の小口切りにする。
3 Aと2を混ぜ合わせ、さらに1を加えてあえる。
4 3を器に盛りつけ、お好みの大きさにちぎったのりを散らす。

ちくわと佃煮の和のハーモニー!

ちくわときゅうりののりの佃煮あえ

材料と作り方

1 ちくわ4本は輪切りにする。
2 きゅうり1本（100g）は乱切りにする。
3 ボウルに1と2、のりの佃煮適量、わさび適量を入れて混ぜ合わせる。

のりふ民 Minatu3Minatu さん

あえる

サラダに加えればボリューム満点

かまぼことカラフル野菜のさっぱりレモンオイルあえ

さっぱりおいしい！
かまぼこと野菜で彩る一品

材料・2～3人分

かまぼこ …… 1/2本
アボカド …… 1/2個（80g）
ミニトマト …… 4個（60g）
オリーブ油 …… 小さじ2
レモン汁 …… 適量
塩 …… 少々
粗びき黒こしょう …… 少々
バジル …… 適量

作り方

1 かまぼことアボカドは1cm角に切る。
2 ミニトマトは半分に切る。
3 ボウルにバジル以外の全ての材料を入れて混ぜ合わせる。
4 器に盛りつけ、バジルを添える。

具材を同じ大きさに切って
食べごたえUP！

ちくわのごろごろサラダ

材料と作り方

1 ちくわ2本とトマト1個（50g）、きゅうり1本（100g）は1cm角に切る。
2 ボウルに1と鶏がらスープの素小さじ1/2、塩昆布適量、白いりごま適量を入れ混ぜ合わせる。

のりふ民 Xユーザーさん

かまぼこと納豆のチョレギ風サラダ

ごま香る
韓国風サラダに
納豆ドレッシング♪

材料・2～3人分

- **かまぼこ……1/2本**
- きゅうり……1/2本（50g）
- レタス……2枚（50g）
- A ひきわり納豆……1パック
  - ごま油……小さじ2
  - ぽん酢しょうゆ……小さじ2
- 韓国のり……適量
- 白いりごま……小さじ1

作り方

1. かまぼこは7mm厚さのいちょう切りにする。
2. きゅうりは縦半分にし、斜め薄切りにする。レタスは一口大にちぎる。
3. Aを混ぜ合わせる。
4. ボウルに1と2を入れて混ぜ合わせる。器に盛りつけ、ちぎった韓国のりと白いりごまを散らす。
5. 4に3をかける。

はんぺんのタラモサラダ

タラモサラダがボリュームアップ
箸が止まらない！

材料・2～3人分

- **はんぺん………1/2枚**
- じゃがいも……1個（150g）
- きゅうり……1/2本（50g）
- 塩……少々
- 明太子……1/4腹
- マヨネーズ……大さじ1

作り方

1. はんぺんは一口大のさいの目に切る。
2. じゃがいもは一口大に切り、塩ゆでして軽くつぶし、冷ます。
3. きゅうりは薄切りにし、塩をふってしんなりしたら、水けを軽く絞る。
4. 明太子は薄皮を取ってほぐし、マヨネーズとよく混ぜ合わせる。
5. 1と2、3を4であえる。

マヨネーズやチーズと相性抜群!

マヨが決め手のとろけるおいしさ!

はんぺんのマヨネーズ焼き

材料・2人分

はんぺん……1枚
しょうゆ……少々
マヨネーズ……適量
削り節……適量

作り方

1 はんぺんの表面にしょうゆをかけ、スプーンの背でのばす。上にマヨネーズを絞る。
2 温めたオーブントースターに入れて、約1分30秒〜2分薄く焼き色がつくまで焼く。
3 器に盛りつけ、削り節をかける。

とろ〜りチーズ明太子が食欲をそそる♪

はんぺんの チーズ 明太子焼き

材料と作り方

1 はんぺん1枚にスライスチーズ1枚をのせ、その上に明太子適量を塗る。

2 1を温めたオーブントースターに入れて、約1分30秒〜2分薄く焼き色がつくまで焼く。

3 器に盛りつけ、刻みのり適量をのせる。

のりふ民 foochan3974さん

濃厚みそとマヨネーズの コクがたまらない

ちくわの みそマヨネーズ 焼き

材料と作り方

1 オーブン皿にちくわ2本をのせ、薄くみそ適量を塗る。

2 1にマヨネーズ適量を絞り、温めたオーブントースターで焼き色がつくまで焼く。

のりふ民 god_mtea さん

和風 ちくわパン

材料・2人分

- ■**ちくわ** ……… **2本**
- ロールパン ……… 2個
- **A** ツナ缶 ……… 1/2缶
  - マヨネーズ ……… 小さじ1/2
  - しょうゆ ……… 小さじ1/2
- マヨネーズ ……… 適量
- 削り節 ……… 適量
- 刻みのり ……… 適量

作り方

1. ちくわとロールパンは縦に切り目を入れ、ロールパンの切れ目にちくわをはさむ。
2. Aを混ぜ合わせ、1のちくわの切れ目に入れる。
3. 2の上にマヨネーズをかけ、温めたオーブントースターで焼き色がつくまで焼く。
4. 3を器に盛りつけ、削り節と刻みのりをかける。

和風
ちくわパン
なぜか懐かしい味。
子どもから大人まで
楽しめて◎
焼いたら
もっと最高!
ちくわボード
ちくわボード・
キムチ&チーズ

ちくわボード・キムチ&チーズ

材料・4人分

- ■**ちくわ** ……… **4本**
- キムチ ……… 40g
- ピザ用チーズ ……… 20g
- 小ねぎ ……… 1本(7g)

作り方

1. ちくわは縦に切り目を入れる。
2. キムチを1のちくわの切れ目に入れ、上にピザ用チーズをのせ、温めたオーブントースターで焼き色がつくまで焼く。
3. 小ねぎは小口切りにする。
4. 2を器に盛りつけ、小ねぎをのせる。

家族みんなが喜ぶ味！

ちくわとオクラの肉巻き

材料と作り方

1 オクラ2本（20g）は塩をまぶしてこすり洗いし、がくとへたの先端を切る。
2 ちくわ2本の穴にオクラを1本ずつ詰める。
3 豚バラ肉2枚を1枚ずつ広げ、ちくわを置きくるくると巻く。
4 フライパンに3を入れ、こんがりと焼き色がつくまで焼く。
5 4にすき焼きのたれ適量を加え、ふたをして煮詰める。

のりふ民 fuchanlove さん

ちくわとチーズのベーコン巻き

食べごたえあり！
簡単なのに豪華な一品！

材料と作り方

1 ちくわ2本は長さを半分に切る。
2 ちくわの穴に、プロセスチーズ適量を詰める。
3 ベーコン2枚は半分に切る。
4 2に塩・こしょう適量をふり、ベーコンで巻いてようじでとめる。
5 フライパンに4を入れ、焼き色がつくまで焼く。

のりふ民 asht46224400 さん

焼く&炒める

はんぺんでボリュームアップ！

はんぺんのハムチーズエッグ

すぐにできるから朝ごはんにも！

材料・1人分

はんぺん……1枚
ハム……1枚
スライスチーズ……1枚
卵……1個
サラダ油……小さじ1
マヨネーズ……大さじ1
しょうゆ……小さじ1/2

作り方

1 サラダ油を熱し、はんぺんを両面こんがりと焼き、器に盛る。
2 ハムとスライスチーズを重ねてさっと焼き、1にのせる。
3 半熟状の目玉焼きを作って2にのせ、マヨネーズとしょうゆをかける。

はんぺんの和風タルタルソース焼き

まろやかさと酸味の絶妙バランスが最高！

材料・1人分

はんぺん……1枚
玉ねぎ（みじん切り）……1/8個（25g）
ゆで卵……1個
酢……小さじ1/2
A マヨネーズ……大さじ3
　塩・こしょう……少々
小ねぎ（小口切り）……適量
削り節……適量

作り方

1 玉ねぎを酢に漬ける。
2 ボウルにゆで卵を入れ、フォークでつぶし、Aを入れ混ぜ合わせる。
3 2に1を加えて混ぜ、はんぺんにのせ、温めたオーブントースターで約4分加熱する。
4 器に盛り、小ねぎと削り節をのせる。

子どもから大人まで楽しめる人気メニュー

はんぺんのはさみ焼き・ハム&チーズ

材料・2人分

- **はんぺん** …… **1枚**
- ハム …… 2枚
- スライスチーズ …… 1枚
- サラダ油 …… 小さじ1

作り方

1. はんぺんは斜め半分にし、厚みの半分のところに切り込みを入れる。
2. ハムは半分に切る。スライスチーズは斜め半分に切る。
3. 1のはんぺんの切れ込みに、それぞれ2のハム2枚にスライスチーズ1枚をはさんで入れる。
4. フライパンにサラダ油を熱し、弱火で片面約1〜2分ずつ、こんがりと焼き色がつくまで焼く。

はんぺんのはさみ焼き・ツナメルト

食べやすくて、おやつにもランチにも最適

材料・2人分

- **はんぺん** …… **1枚**
- A ツナ缶 …… 1/2缶
  - 玉ねぎ(みじん切り) …… 1/10個(20g)
  - マヨネーズ …… 大さじ1と1/2
  - 塩・こしょう …… 少々
- スライスチーズ …… 1枚
- サラダ油 …… 小さじ1

作り方

1. はんぺんは半分にし、厚みの半分のところに切り込みを入れる。
2. Aをよく混ぜ合わせる。スライスチーズは半分に切る。
3. 1のはんぺんの切れ込みに、それぞれ2のスライスチーズ1枚とAの半量を入れる。
4. フライパンにサラダ油を熱し、弱火で片面約1〜2分ずつ、こんがりと焼き色がつくまで焼く。

焼く＆炒める

炒め物の具に大活躍！

はんぺんのにら玉炒め

材料・2～3人分

はんぺん …… 1枚
卵 …… 2個
にら …… 1束（90g）
A しょうゆ …… 小さじ1弱
塩・こしょう …… 少々
ごま油 …… 大さじ1

作り方

1 はんぺんは縦横6等分のさいの目に切る。
2 にらは4cm長さに切る。
3 ボウルに卵を入れて溶き、1とAを入れて混ぜる。
4 フライパンにごま油を熱し、にらをさっと炒める。
5 3を加え、ふんわりと炒める。

いつものにら玉＋はんぺんが相性抜群◎

青のりの風味が食欲をそそる！

のりふ民 hatsuemonさん

はんぺんの青のりチーズ炒め

材料と作り方

1 はんぺん1枚を一口大に切る。
2 フライパンにサラダ油少量を熱し、1を入れてこんがりと焼き色がつくまで炒める。
3 2に青のり適量と粉チーズ適量をふり、混ぜ合わせる。

ちくわとピーマンのじゃこ炒め

楽しい食感で栄養もバッチリ!

材料・2人分

- **ちくわ …… 2本**
- ピーマン …… 3個(120g)
- ちりめんじゃこ …… 10g
- A ぽん酢しょうゆ …… 大さじ1/2
- A みりん …… 大さじ1/2
- サラダ油 …… 小さじ1

作り方

1 ちくわは縦に切り目を入れて開き、7mm幅の斜め切りにする。

2 ピーマンは縦半分にし、種とワタを取り除き、繊維を断ち切るように5mm幅の細切りにする。

3 フライパンにサラダ油を熱し、ちりめんじゃこを入れさっと炒める。

4 3に2を加えてしんなりするまで炒める。

5 4に1を加えてさっと炒め、Aを加えて汁けがなくなるまで炒める。

ちくわのペペロンチーノ風

材料と作り方

1 ちくわ2本は7mm厚さの斜め切りにする。

2 フライパンにオリーブ油適量、にんにくチューブ2cm、一味唐辛子少々を入れ、香りが立ってきたら、1を加えて炒める。

3 2に顆粒の昆布だし少々、塩少々、砂糖少々、めんつゆ少々を加え、炒める。

にんにくの香りでイタリアーン♪

のりふ民 Mieko413さん

ボリューム＆ゴージャスメニュー

揚げ物レシピ

定番の磯辺揚げを焼ちくわで！

焼ちくわの磯辺揚げ

材料・2人分

- **焼ちくわ**……1本
- A 天ぷら粉……20g
  - 青のり……大さじ1/2
  - 水……30ml
- サラダ油……大さじ2

作り方

1 焼ちくわは長さを3等分にし、縦半分に切る。

2 ボウルにAを入れ、さっくり混ぜ合わせ、衣を作る。

3 フライパンにサラダ油を入れ中火で熱し、1を2にくぐらせ並べ入れ、途中で裏返し両面をカラッと揚げ焼きにする。

高温でさっと揚げるから、
外カリッ＆中ふわっ！

2つの味のはんぺんフライ

材料・2～3人分

- **はんぺん**……2枚
- スライスチーズ……2枚
- 鶏ひき肉……50g
- しょうが汁……少々
- 玉ねぎ（みじん切り）……大さじ1
- 塩・こしょう……少々
- 小麦粉……適量
- 溶き卵……適量
- パン粉……適量
- サラダ油……適量

作り方

1 はんぺんは斜め半分にし、切り口に包丁で切り込みを入れて袋状にする。

2 チーズは斜め2つ折りの三角にする。

3 鶏ひき肉にしょうが汁をかける。

4 フライパンにサラダ油を熱し、玉ねぎ、3の順に炒め塩・こしょうで味をつけ冷ます。

5 1のはんぺんに2と4をそれぞれ2個ずつ詰める。

6 小麦粉、溶き卵、パン粉の順につけ、175℃の油で片面約30秒ずつさっと揚げる。

はんぺん入りえびカツ

絶品！　えびの旨みとふわふわ感！

材料・2人分

- **はんぺん …… 1枚**
- むきえび …… 100g
- 酒 …… 小さじ1
- 塩 …… 少々
- 玉ねぎ …… 1/4個（50g）
- A マヨネーズ …… 大さじ1
  - 片栗粉 …… 大さじ1
  - しょうゆ …… 小さじ1
  - こしょう …… 少々
- 小麦粉 …… 適量
- 溶き卵 …… 適量
- パン粉 …… 適量
- サラダ油 …… 適量

作り方

1. はんぺんは袋の上から手でつぶす。
2. えびは背ワタを取り、細かく切って酒と塩をふって5分ほどおく。玉ねぎはみじん切りにする。
3. ボウルに、1と2、Aを入れて手でよく混ぜ、4等分の小判型にととのえ、小麦粉、溶き卵、パン粉の順につける。
4. フライパンに5mmほどの深さになるようサラダ油を注ぎ、中温で熱して3を並べ入れて、揚げ焼きにする。両面がこんがりとしたきつね色になったらバットにとって油をきる。

ちくわとツナマヨネーズのライスペーパー巻き

ベトナムの風を感じるちくわおつまみ

のりふ民　ALU_PPL_HNさん

材料と作り方

1. ちくわ1本は縦半分に切る。スライスチーズ1枚は半分に切る。
2. ツナ缶1/2缶とマヨネーズ大さじ1/2を混ぜ合わせる。
3. ライスペーパー2枚を水で戻し、上に、1のちくわ1/2本、2のツナマヨネーズ1/2量、スライスチーズ1/2枚の順にのせて巻く。同様にもう1本作る。
4. フライパンにサラダ油少量を熱し、3を焼き色がつくまで焼く。

ボリューム&ゴージャスメニュー

焼き物レシピ

ひと口食べれば笑顔が広がる、
幸せの一皿

はんぺんのとろーりチーズ入りだし巻き卵

材料・2人分

はんぺん …… 1/3枚
スライスチーズ …… 1枚
卵 …… 2個

A
- だし汁 …… 大さじ2
- しょうゆ …… 小さじ1/2
- みりん …… 小さじ1/2
- 塩 …… 少々

サラダ油 …… 大さじ1/2

作り方

1 はんぺんは厚みの半分のところに切り込みを入れる。

2 スライスチーズは3等分に折りたたんで、はんぺんの切れ込みに入れる。

3 ボウルに卵を割りほぐし、Aを加えてよく混ぜる。

4 卵焼き用フライパンにサラダ油の1/3量を入れ熱し、3の1/3量を流し入れ、向こう側にはんぺんを置き、手前に巻いたら、向こうに寄せて、残りのサラダ油の半量を塗る。

5 3の残りの半量を入れ、卵焼きを持ち上げ下にも流し入れ、火が通ってきたら巻いていく。同様にもう一回繰り返し焼く。

6 食べやすい大きさに切る。

はんぺんと鶏むね肉のふわふわチーズ焼き

簡単に作れる！
特別な日のごちそうにどうぞ。

材料・3～4人分

- はんぺん……1枚
- 鶏むね肉……120g
- 塩・こしょう……少々
- A 小麦粉……50g
  - ピザ用チーズ……50g
  - 牛乳……75ml
- サラダ油……大さじ1
- 酒……小さじ2

作り方

1 はんぺんは縦横8等分のさいの目に切る。

2 鶏むね肉は1cm厚さのそぎ切りにし、1cm角に切り、塩・こしょうで下味をつける。

3 ボウルにAを入れ、よく混ぜ、1と2を加えて混ぜ合わせる。

4 サラダ油を熱し、3をスプーンですくって落とし、中火で4分加熱する。こんがりと焼き目がついたら裏返す。

5 4に酒をふり、ふたをして弱火で3～4分蒸し焼きにする。

はんぺんのお好み焼き風

小麦粉不使用！ふわっと軽い！
「シン・お好み焼き」

材料・2人分

- はんぺん……1枚
- マヨネーズ……適量
- 卵……1個
- キャベツ（せん切り）……70g
- 豚バラ肉……2枚
- 塩・こしょう……少々
- お好み焼きソース……適量
- 青のり……適量
- 削り節……適量

作り方

1 ホットサンドメーカーにマヨネーズを少量塗り、割った卵を入れてふたをし、弱火で3分焼いて目玉焼きを作る。

2 目玉焼きがない方のプレートにマヨネーズを少量塗り、はんぺん、キャベツ、豚バラ肉、塩・こしょう、目玉焼きの順にのせてふたをし、中火で片面2分ずつ焼く。

3 肉に火が通ったら、お好み焼きソース、マヨネーズ、青のり、削り節をかける。

ボリューム＆ゴージャスメニュー

はんぺんつぶして
具を入れて！

はんぺんのふわふわ照り焼き鶏だんご

はんぺんでおいしさ倍増！
ごはんもすすみます

材料・3～4人分

【鶏だんご】（約12個分）
- **はんぺん**……1枚
- 鶏ひき肉……120 g
- しょうが汁……小さじ1

長ねぎ……5cm（10g）

A
- しょうゆ……大さじ1
- みりん……大さじ1
- 酒……大さじ1
- 砂糖……小さじ1
- 片栗粉……小さじ1

白いりごま……小さじ1

作り方

1. 鶏だんごの作り方は左ページ参照。
2. 長ねぎは薄い斜め切りにする。
3. **A**を混ぜ合わせる。
4. フライパンに**A**を入れて煮立たせ、鶏だんごを加えてあんをからめる。
5. **4**に白いりごまを振りかけ、**2**をのせる。

鶏だんごの作り方

1

はんぺん1枚は開封する前に袋の上から少し形が残っているくらいまでつぶす。

2

ポリ袋に鶏ひき肉としょうが汁を入れ、そこにつぶしたはんぺんを投入する。

3

ポリ袋の口をねじって閉じ、上からしっかりもみ込む。

4

ポリ袋の角を切り、肉だねをスプーンですくって、沸騰した湯に入れる。

スープや鍋に入れると、
鶏だんごの旨みが
溶け出してやさしい
味わいが広がります。
食感も楽しめる
絶品具材を
お試しあれ♪

紀文 | Column 1

ちくわ　はんぺん　かまぼこ　どこがどう違うの？

そもそも「練り物」とは？　どうやって作るの？

ちくわ・はんぺん・かまぼこなどは、「練り物」と呼ばれますね。練り物とは、魚肉をすりつぶして食塩や調味料を入れ、成型した後加熱して固めた水産加工品の総称です。練り物の原料となる魚で一番使われているのはスケトウダラですが、そのほかにもホッケ、イトヨリダイ、アジ、グチなどがあります。練り物の製造工程は大きく分けて3つあります。

1　魚のすり身に、塩などを加えて練る

この工程で使用する「塩」は、練り物の食感に大きな影響を与えています。魚肉に塩を加えてすりつぶすと、「筋原線維たんぱく質」というものが溶け出して、それらが複雑に絡み合います。

2　成型する

よく練った塩ずり身を、棒に巻きつけたり（ちくわ）、丸や四角に成型したり（はんぺん）、板にのせたり（かまぼこ）します。

3　加熱する

加熱方法には、蒸す、焼く、揚げる、ゆでるなどがあります。加熱することにより、1で複雑に絡み合った「筋原線維たんぱく質」がほぐれない構造となり、弾力をもつのです。

加熱方法別・練り物の種類

加熱方法	練り物の種類
焼く	生ちくわ、焼ちくわ、笹かまぼこ、伊達巻、焼きかまぼこ
揚げる	さつま揚
蒸す	板付きかまぼこ、す巻きかまぼこ、信田巻き
ゆでる	はんぺん、つみれ、しんじょう、なると巻

このように、魚肉に塩を加えよく練って加熱すると、練り物の特徴である「しなやかな弾力」が生まれます。これを業界用語で「あし」と呼びます。「あし」の要素には、硬さ、強さ、歯切れ、喉ごし、きめの細かさなどがあげられ、加熱の仕方によって、食感や旨みが異なる練り物が出来あがるのです。

ちくわの作り方

※焼ちくわもほぼ同じ工程ですが、加熱時の焼き方が異なります。

1 攪拌《かくはん》

すり身に調味料などを加えて練りあげる

2 成型

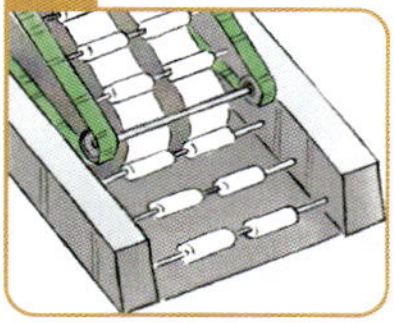

ステンレスの串にすり身を巻きつける

3 加熱

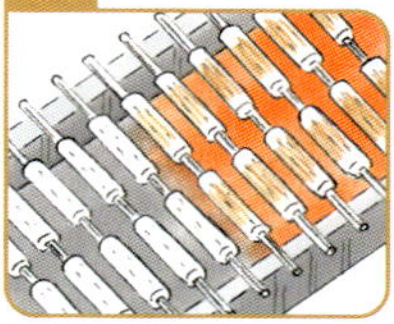

表面に焼き目をつける

4 出来あがり

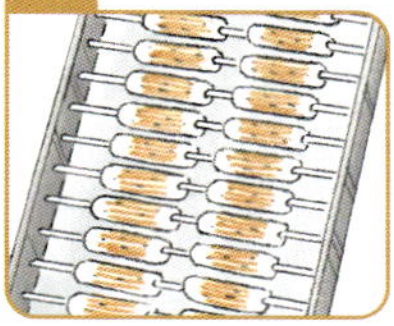

ベルトコンベヤーの上で流し、冷ます

はんぺんの作り方

1 攪拌《かくはん》

すり身に卵白ややまいも、調味料などを加えて練りあげる

2 成型

四角や丸形に型取りする

3 加熱

気泡が壊れないようにゆでる

4 出来あがり

ベルトコンベヤーの上で流し、冷ます

蒸しかまぼこの作り方

※この本で紹介しているかまぼこは、すべて「蒸しかまぼこ」です。

1 攪拌《かくはん》

すり身に調味料などを加えて練りあげる

2 成型

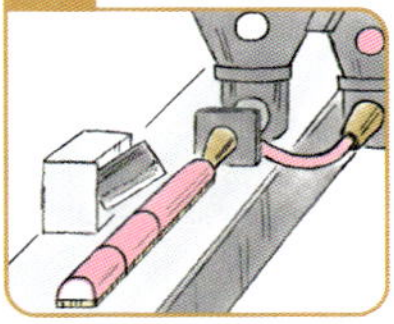

口金から半円型のすり身が板の上に乗る

3 加熱

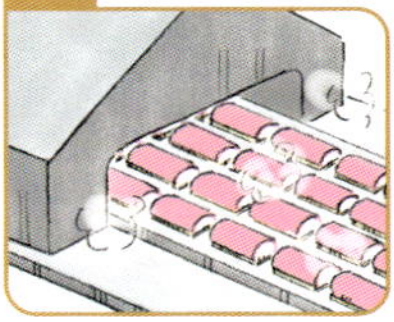

蒸し工法が主、焼く工法もある

4 出来あがり

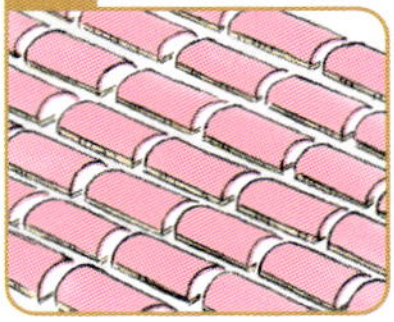

ベルトコンベヤーの上で流し、冷ます

以上のように、弾力のある練り物を製造するには、塩分と加熱が必須なのですが、1食で使用する量を考えれば、塩分量はそこまで高くありません。また練り物自体に旨みがあるので、調理する際に使う調味料が少なくて済みます。さらに紀文では、近年の健康志向にお応えした商品を皆さまにお届けするため、「塩分カット」「糖質オフ」などにも気を配りながら研究開発及び商品開発を行っています。

PART 3

可愛いデコかまの世界

口にも目にもおいしい、
新しいかまぼこの魅力をお伝えします。
しなやかで弾力がある
紀文のかまぼこだからこそできる
楽しい飾り切りです。

おもてなしやイベントに！

ふだんの食卓の彩りに

基本の飾り切りテクニック

ご家庭にある、自分が使いやすい包丁でOK。
集中しながら、でも楽しみながらやりましょう。

板からきれいにはずし、端を少し切り落としてからスタート

1

かまぼこを立てて、板とかまぼこの間に包丁の峰を斜めに入れます。

2

包丁を斜めに下ろしていくと、板とかまぼこがきれいにはずれます。

3

端を5mmほど切り落とすと、仕上がりがきれいです。

切り込みの入れ方

タイプ a

中央に切り込みを入れる場合は、かまぼこを縦に置いて。

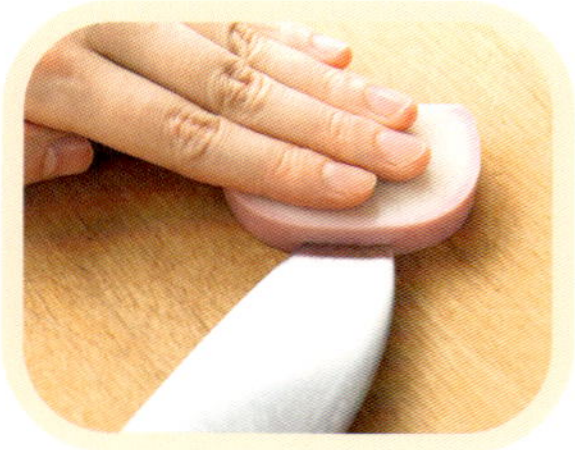

タイプ b

上部に切り込みを入れる場合は、手で刃先を感じながら。

タイプ c

周囲に切り込みを入れる場合は、りんごの皮をむくように。

タイプ d

下を残して切り込みを入れる場合は箸をかまぼこの両端に置く。

基本の手綱

1 1cm 厚さのかまぼこを用意する。まず タイプⓒ のようにりんごの皮をむくように、白い部分が残るようにやや厚めに、2/3ほどの位置まで切り込みを入れる。

2 1の切り込みの根元に縦に2cmほど切り込みを入れ（ア）、端を下からくぐらせる。

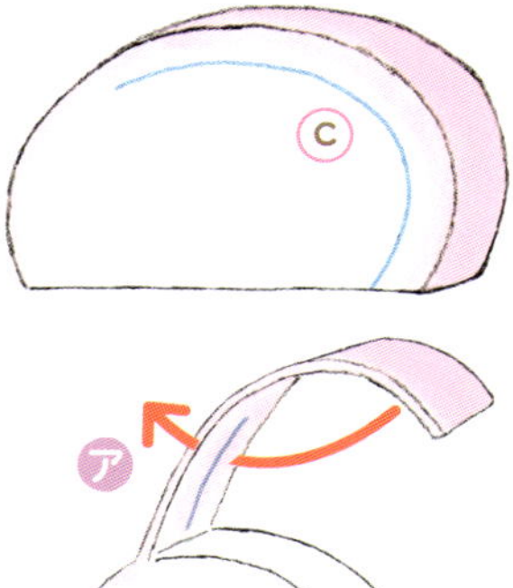

基本の結び

1 8mm 厚さのかまぼこを用意する。まず タイプⓐ のように中央に切り込みを入れる。

2 次に右側は上から（ア）、左側は下から（イ）切り込みを入れる。切り込みの端は1cm 残す。

3 中央の切り込みに、それぞれの端を一方は上から、一方は下から通す。

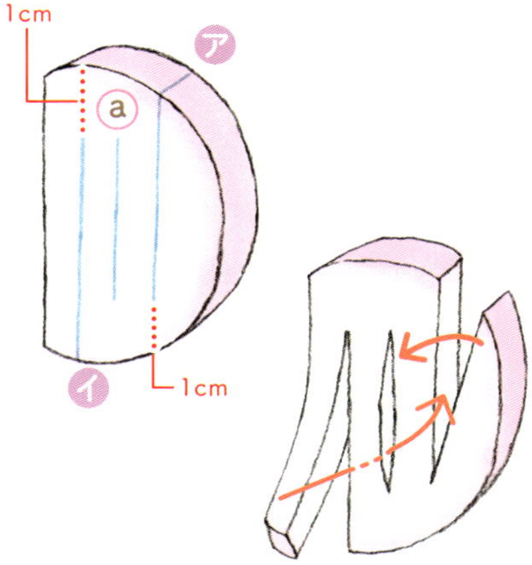

基本のバラ

2～3mm厚さに切ったかまぼこ2枚をずらして並べる。手前からしっかり巻き、巻き終わりをようじで刺してとめる。

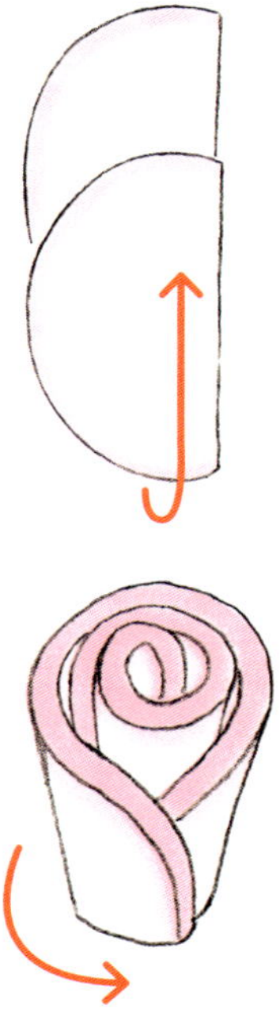

基本のハート

1 板からはずしたかまぼこを用意する。まずタイプdのように3mm厚さの位置で、下を3mm程度残して切り込みを入れる。さらに3mm厚さの位置でかまぼこを切り離し、縦に2等分する（ア）。

2 端と端を外側に折り返すようにして開き、下側で合わせてピックで刺してとめる。

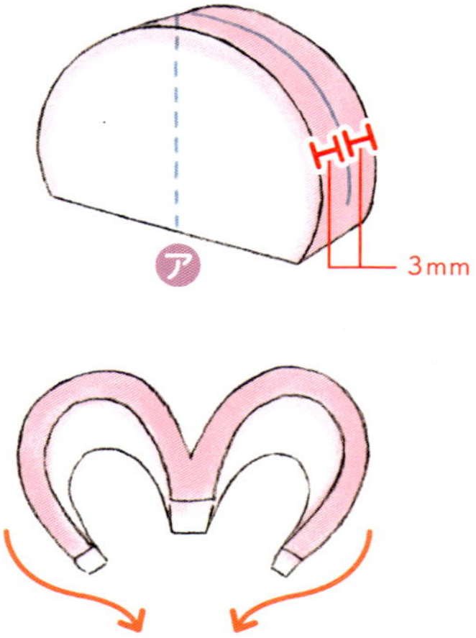

※切り込みのタイプはP.62を参照してください。

くじゃく

かまぼこを5mm厚さに切り、紅い方を手前に向けて置く。奥側の白い部分を5mmほど残し、2～3mm幅で細い切り込みを入れる。端から順にひとつひとつていねいに折り込む。段々丸まっていくので、全て同じ方向に折り込んで、きれいな円になるように形をととのえる。

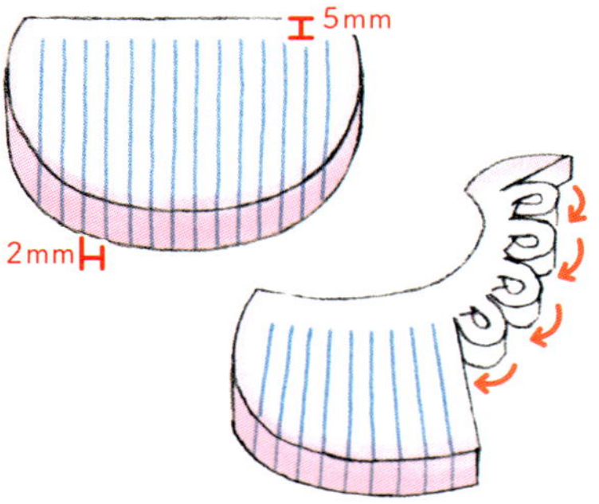

バリエーションで
王冠もできます

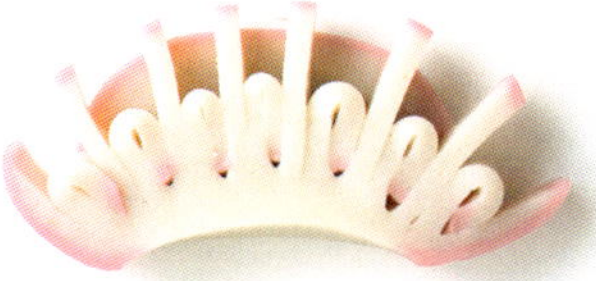

ちょうちょ

1 板からはずしたかまぼこを用意する。まず タイプd のように3mm厚さの位置で、下を3mm程度残して切り込みを入れる。さらに3mm厚さの位置でかまぼこを切り離し、縦に2等分する（ア）。

2 下の図のようにイ、ウの切り込みを入れる。羽を開き、切り込みに根元を押し上げのせる。

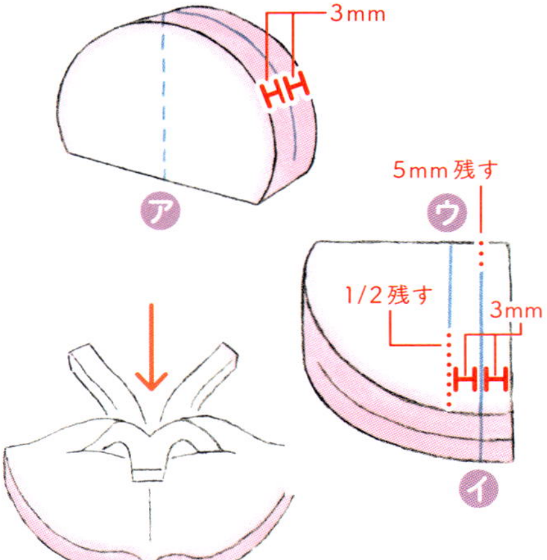

デコかまプレート❶

ラブリーお花畑プレート

可愛いお花畑をかまぼこで再現！　ボリュームもあって見た目も
楽しめるプレートは特別な日にもふつうの日にも◎。
思わず笑顔になっちゃう華やかさと楽しさが詰まった
ラブリーなプレートで、食卓を彩りましょう♪

あやめ

1 板からはずしたかまぼこを用意する。まず タイプd のように 3mm 厚さの位置で、下を3mm 程度残して切り込みを４回入れる（ア）。さらに厚さ3mm の位置で切り離す。
2 外側の２枚に イ のようにそれぞれ切り込みを入れる。
3 中央の１枚に ウ のように切り込みを入れる。
4 図のように 2 、3 の切り込みをくるっと丸め、根元をようじでとめる。

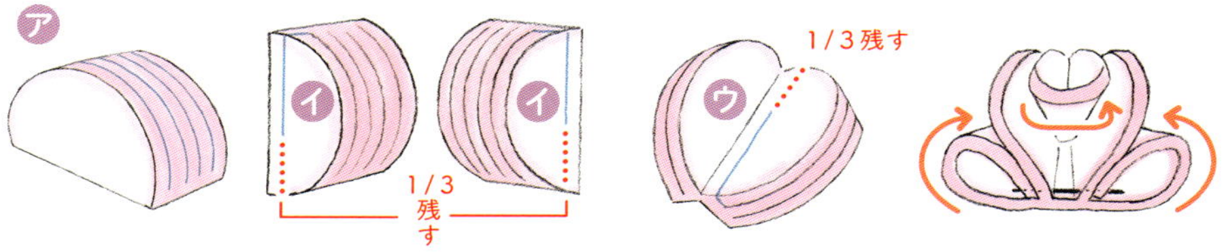

外側の２枚にそれぞれ切り込みを入れる

中央の１枚に切り込みを入れる

根元をようじでとめる

椿

1 1.2cm 厚さのかまぼこを用意する。まず タイプb のように、厚みの中央に切り込みを入れる。
2 別に２～ 3mm 厚さのかまぼこを用意し、手前からきつめにしっかり巻く（ア）。
3 1のかまぼこの切り込みに 2 を入れて形をととのえる。ポイントで小さく切った絹さやの塩ゆでを差し込む。

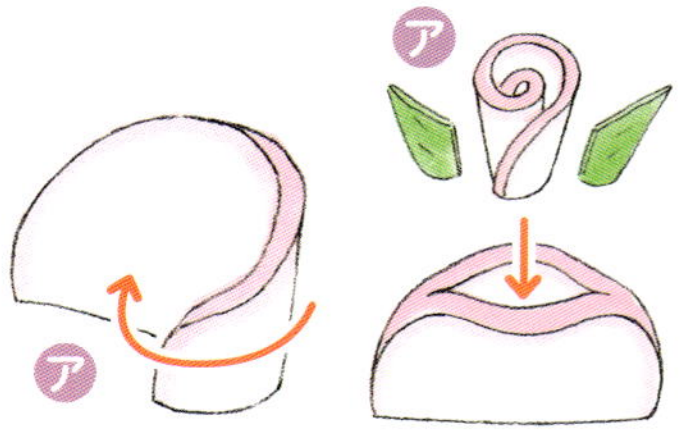

バラ、ちょうちょ、ハートの作り方は P.64-65 を参照。切り込みのタイプは P.62 を参照。

食べるのがもったいない！
笑顔咲くかまぼこのお花畑

デコかまプレート❷

動物園＆水族館プレート

パンダ

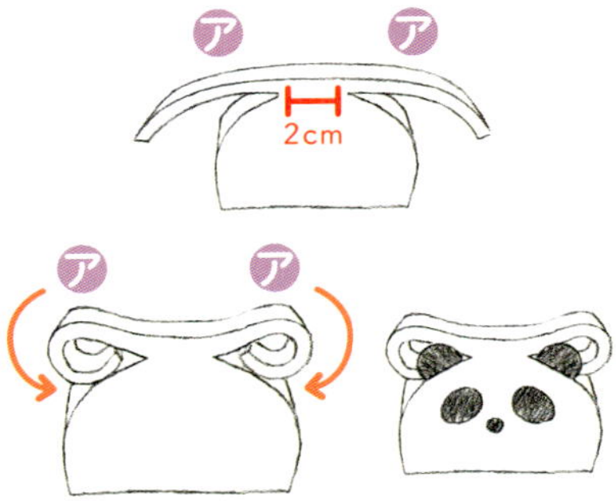

1 1cm 厚さのかまぼこを用意する。まず タイプ c のようにりんごの皮をむくように、左右それぞれから中心に向かって切り込みを入れる（ア）。山側の中心は 2cm ほど残しておくのがポイント。

2 左右の切り込み ア を内側に折り込み、耳を作る。のりやごまを使ってお好みで顔を作る。

ペンギン

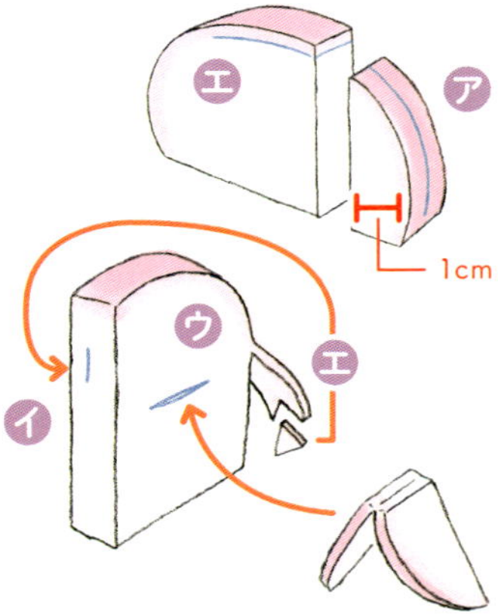

1 1.2cm 厚さのかまぼこを用意する。

2 羽を作る。1 の端を 1cm 切り離し、図のように切り込み ア を入れる。

3 体を作る。残った大きいほうのかまぼこに、図のように イウ の切り込みを入れる。

4 3 に、タイプ d のようにりんごの皮をむくように紅い部分の半分まで切り込み エ を入れる。エ の端を三角に切り取り、イ に差し込みくちばしを作る。

5 ウ に 2 を差し込む。ゴマで目を、ケチャップで頬を作る。

かに

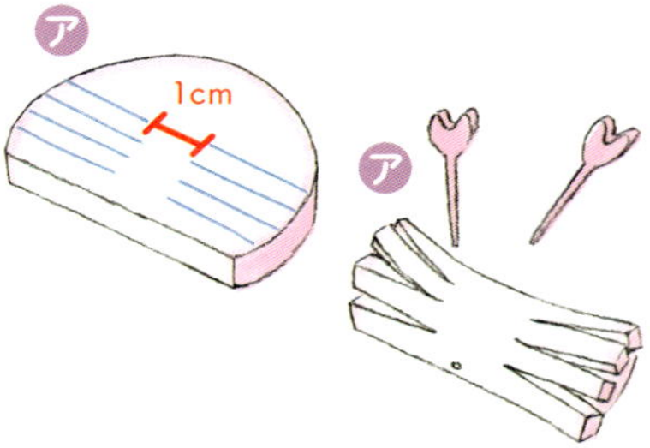

1 5mm 厚さのかまぼこを用意し、左右両側から横向きに 4 回ずつ切り込み ア を入れる。中心は 1cm ほど残しておく。

2 1 を半分に折ってようじでとめ、はみ出した部分を切る。ピックを 2 本刺して目を作り、形をととのえる。

お魚は型で抜き、のりでウロコと目を切り抜いて貼る。切り込みのタイプは P.62 を参照。

お弁当にもぴったり 可愛さ満点かまぼこアニマル

紀文｜Column 2

紀文の社名の由来って知ってる？

最初はお米屋さんでした

紀文食品が、東京・八丁堀で創業したのは1938年のこと。実は最初は、「山形屋米店」というお米屋さんでした。店名に山形と付いているのは、創業者の故郷である山形県からきています。
商売は順調だったのですが、戦時色が強くなると、お米に販売規制がかかってしまい、今度は「紀国屋果物店」（きのくにやくだものてん）という名の果物屋さんを築地の場外市場に開店。やがて、果物もまた規制がかかってしまい、今度は海産物の卸売りを始めました。その商売をしていく中で、練り物と出合った創業者は、1947年に魚肉加工品、かまぼこの製造を開始しました。
その後、1950年に、初めて百貨店にお店を出店。その後1955年には業界に先駆けて商品のパッケージ化、つまり練り物を初めて包装して販売を始めたのです。

お客さまからもっと親しみやすく呼ばれたい！という思いから生まれた社名

では、「紀文」という社名はどこからきたのか？と言いますと……。
お米屋さんの次に始めた「紀国屋果物店」の頃、創業者はお客さまたちから「紀国屋さん！」と呼ばれていました。
しかしこれに対し「お客さまから『さん』付けしていただくのは申し訳ないなぁ。もっと気軽に、親しみやすく呼んでもらえる名前はないかなぁ？」と考えました。
そこで、紀国屋の「紀」の字と、奥さんのふみこの「文」の字をとり、「紀文」という名前に改名したのです。
他にも、当時のゲン担ぎで「名前が『ん』で終わると、運（うん）がつく」など、いろいろな意味が込められているようです。

PART
4

大切にしてる?

紀文がかなえる
楽しいお正月

皆さん、お正月はどのように過ごしていますか?
お正月の風習やおせちに込められた意味を知ると
もっと大切に過ごしたくなるはずです。

紀文が教えるお正月トリビア

「祝箸《いわいばし》」の意味を教えて

年神様と食事を共にするという意味が込められています

おせち料理をいただくときに使う「祝箸」は、神聖な柳の木でできていて、両方の先端が細くなっているのが特徴。これは、一方を年神様、もう一方を人が使い、「年神様と食事を共にする」という意味があるのです。

年神様ってどんな神様？

年神様は、田畑の実りを守る神様です

年神様は、田畑の実りを守る神様で、実は山の上から子孫の暮らしを眺めているご先祖様であるともいわれています。お正月になると山から下りて、子孫である私たちの家にやってきて、幸運をもたらしてくれます。

お年玉にはどんな意味があるの？

鏡びらきのあとに配られた鏡餅がはじまり

お年玉は、もともとは金銭ではなく、年神様に供えた餅を下ろし、子どもや目下の者に分け与えたのがはじまりです。そのお餅には年神様の御魂が宿っていて、これをいただくことで一年分の力を授かるとされていたのです。

おせち料理を食べるのはなぜ？

年神様と共に食べ、家族の幸せを願うため

おせち料理は、節句に年神様にお供えした料理がはじまり。やがて一番重要な節句である正月料理のことを指すようになりました。おせち料理は年神様へのお供え料理であり、家族の幸せを願う縁起物の料理でもあるのです。

お正月っていつからいつまでのこと？

門松をはずす1月7日までが「お正月」です

12月13日を「正月事始め」と言い、この日から大掃除など、年神様を迎える準備を始めます。新年になり、門松をはずす7日頃までを「お正月」といいます。1月15日頃の「どんど焼き」でお正月飾りを燃やすと、年神様はその煙に乗って山に帰るといわれています。

「お雑煮」はなぜ食べるの？

年神様にお供えしたお餅のご利益をいただく料理

年神様にお供えしたお餅のご利益をいただくために作った料理が「雑煮」。地方色豊かな料理で、主に白みそ仕立ての関西風、しょうゆ仕立て（すまし仕立て）の関東風と大きく分けられます。お餅も関西では丸餅、関東では切り餅（のし餅、角餅）が一般的です。

おせち料理のいわれを教えて

かまぼこ

かまぼこは日の出を象徴するとされ、色はそれぞれ、紅は「めでたさ」と「喜び」、白は「神聖」という意味をもっており、縁起のいい色とされています。

伊達《だて》巻

「伊達」とは派手や豪華という意味で、昔はおしゃれな男性を「伊達者」と呼んでいました。そんな伊達者たちの着物の柄に似ていたことから、伊達巻といわれるように。

栗きんとん

栗は「勝ち栗」といい、縁起がいい食べ物とされています。また、黄金色に輝く財宝のような見た目から、「豊かな一年でありますように」という願いが込められています。

昆布巻

昆布巻は「喜ぶ」の「こぶ」と掛けて、縁起がいい料理といわれています。また、「養老昆布」とも掛けて、健康に長生きできるともいわれています。

黒豆

「まめ」には、丈夫・健康という意味があり、健康長寿の願いが込められています。また「まめに働く」などの語呂合わせから、おせち料理には欠かせません。

田作《たづく》り

昔は肥料として田畑に小魚をまいたため、豊年豊作の願いを込めて「田作り」と呼ばれるようになりました。

数の子

数の子はニシンの卵のこと。ニシンと「二親」が通ずることや、多くの子が出ることから、子孫繁栄や二親健在の願いが込められています。

えび

「えびのように長いヒゲをはやし、腰が曲がるまで長生きしますように」という願いが込められています。

はんぺんで作る

おせちメニュー

ふだんのおかずにも
おすすめ!

ふんわり松風焼き

材料・4〜5人分

- **はんぺん** ····· 1枚
- 鶏ひき肉(むね) ····· 120g
- A
  - しょうが汁 ····· 小さじ1
  - 酒 ····· 大さじ1
  - しょうゆ ····· 小さじ1
  - 卵 ····· 1個
  - 白いりごま ····· 大さじ1
- サラダ油 ····· 少々
- 白いりごま ····· 適量
- 青のり ····· 適量

作り方

1 はんぺんは袋の上から手でつぶす。

2 鶏ひき肉にAを加え、粘りが出るまでよく混ぜる。そこに1を加え、全体に混ぜ合わせる。

3 卵焼き器全体にサラダ油を薄く塗り、2を入れて表面を平らにならし、アルミホイルでふたをする。

4 3を弱火で約10〜15分ほど焼き、まわりの色が変わったら、フライ返しを使い裏返す。さらに弱火で5〜10分ほど焼く。竹串で刺し、汁が透き通っているか確認する。

5 火から下ろして粗熱が取れたら2等分にし、それぞれ片面に白いりごまと青のりをふり、お好みの形に切る。

はんぺんの伊達巻

はちみつの甘さ広がる、
ふわふわ食感を楽しんで

材料・4～5人分

内径 26cm のフライパンを目安

- **はんぺん ····· 1 枚**
- 卵 ····· 4 個
- 砂糖 ····· 大さじ 3
- はちみつ ····· 大さじ 1
- みりん ····· 大さじ 1
- だし汁 ····· 大さじ 3

4

5

6

7

作り方

1 はんぺんは1cm 角に切る。

2 ミキサーまたはフードプロセッサーに切ったはんぺんと他の材料全てを入れて、30秒～1分ほど攪拌する。

3 薄くサラダ油（分量外）をぬったフライパンを充分に熱し、ぬれた布巾の上にのせて粗熱を取る。

4 3 に 2 を流し込み、ふたをして弱火で15分ほど、表面が乾くまで蒸し焼きにする。

5 焼き上がったら、鬼すだれの上に焼き色のついた方が下になるようにのせ、端が「の」の始まりになるようにしっかり巻き込む。

6 空気が入らないように鬼すだれを上からしっかり押し、最後までくるくると巻いていく。

7 巻き終わったら、上から「の」の字になっているか確認する。両端を輪ゴムで止めてそのまま冷ます。

※このレシピははちみつを使用しているため、1 歳未満の乳児には与えないでください。

※ミキサーやフードプロセッサーがない場合は、はんぺんを細かく刻んで、すり鉢でなめらかになるまですり、この中に他の材料を加えてすり混ぜます。

ちくわで作る

おせちメニュー

ちくわ門松
お正月にぴったり！
華やかで可愛いちくわ門松

材料・4～5人分

- **ちくわ** …… **1本**
- ミニアスパラガス …… 2本（40g）
- ハム …… 1枚
- ブロッコリー …… 2房（30g）
- カニカマ …… 少々

作り方

1. ちくわは、斜め2等分に切る。
2. 塩ゆでしたミニアスパラガスを斜め3等分に切る。
3. 飾り用にハムをハート形に抜く。
4. 1のちくわに2のミニアスパラガスと塩ゆでして小房に分けたブロッコリーを差し込む。
5. 3のハムを飾り、細くさいたカニカマで結ぶ。

焼ちくわ入り煮しめ

じっくり煮込んで、ちくわの旨み際立つ！

材料・3～4人分

- **焼ちくわ**……**2本**
- 干ししいたけ……6枚（10g）
- 鶏もも肉……250g
- A しょうゆ……小さじ1
  - 酒……小さじ1
- こんにゃく……1枚
- れんこん……3/4個（120g）
- ごぼう……1本（150g）
- にんじん……10cm（100g）
- 絹さや……6本（12g）
- サラダ油……大さじ1
- B だし汁（しいたけの戻し汁と合わせて）……200ml
  - しょうゆ……大さじ2
  - みりん……大さじ2
  - 砂糖……大さじ1

作り方

1. 焼ちくわは乱切りにする。
2. 干ししいたけは水で戻して2～4等分に切る。
3. 鶏もも肉は一口大に切り、A で下味をつける。
4. こんにゃくはスプーンで一口大にちぎる。れんこんとごぼうは乱切りにし、それぞれ水にさらしてアクを抜く。
5. にんじんは1cm厚さに切り、ねじり梅にする。絹さやは塩ゆでする。
6. 鍋にサラダ油を熱し、3 を入れ炒め、肉の色が変わってきたら、こんにゃくとれんこん、ごぼう、にんじんを加え、約2分炒める。
7. 6 に 1 としいたけを加え、さっと炒め B を加え、ひと煮立ちさせ、落としぶたをして弱めの中火で10分ほど煮る。
8. 落としぶたを取り、煮汁がなくなるまで煮詰める。
9. 8 を器に盛り、絹さやを飾る。

かまぼこで作る

おせちメニュー

かまぼことねぎのダブルごまあえ

ごま香る♪
おもてなしにも
ぴったりの一品

材料・4～5人分

■かまぼこ …… 1/2本
長ねぎ …… 5cm（10g）
ごま油 …… 大さじ1弱
いくら …… 適量
白いりごま …… 適量

作り方

1 かまぼこは5mm厚さのいちょう切りにする。
2 長ねぎは縦半分にして斜め薄切りにする。
3 ボウルに1と2、ごま油を入れ混ぜ合わせる。
4 3を器に盛りつけ、いくらをのせていりごまを散らす。

弾力のある食感と、にんにくがたまらない！

かまぼことたこのカルパッチョ風

材料・3～4人分

- **かまぼこ** …… 5cm
- ゆでたこ …… 50g
- A にんにく（みじん切り）…… 1/2片
  - オリーブ油 …… 小さじ2
  - レモン汁 …… 少々
  - しょうゆ …… 少々
  - イタリアンパセリ（みじん切り）…… 適量
- イタリアンパセリ …… 適量

作り方

1. かまぼこは1cm厚さに切る。
2. ゆでたこはかまぼこと同じ厚さに切る。Aは混ぜ合わせる。
3. 器にかまぼことゆでたこを交互に盛り、Aをかけ、イタリアンパセリを飾る。

おせちの銘々盛り ルールとコツ

銘々盛りとは1人分を一つのお皿に盛りつけること。
1人分のおせちをゆったりと盛りつけることで簡単におしゃれに仕上がるのでおすすめです。ここでは5点盛りをご紹介します。

かまぼこは「右紅左白」

かまぼこのように紅白に分かれた料理は、「右紅左白」といって紅が右側で、白が左側になるように並べて盛りつけます。華やかなものは右側に置く、というのが昔からのルールなのです。

伊達巻は「の」の字が見えるように

渦のように巻かれている伊達巻は、「の」の字が見えるように「右巻き」で盛りつけましょう。「右巻き」には「力が入る」という意味があり、縁起がいいとされています。

汁けがあるものは豆皿に入れる

汁けがある料理は豆皿などの器に入れて盛りつけるのがコツ。汁が流れてほかの料理への味移りを防いだり、豆皿にほかの料理を立て掛けて盛りつけたりすることができます。

えびは頭が左になるように

頭のついたえびは、食べる側から見て頭が左側、お腹が手前側にくるように盛りつけるのがルールです。えび以外でも頭があるものは同様に盛りつけましょう。

栗きんとんはハランを下にしく

栗きんとんを盛りつけるときは、ハランなどにのせるのがおすすめです。見栄えがアップし、器が汚れたり匂い移りしたりするのをも防いでくれます。

品数は縁起のいい奇数で

おせち料理は縁起のいい奇数で盛りつけるようにしましょう。奇数は割り切ることができない数字なので縁起がよく、「吉数」とも掛かっているんですよ。

年神様と
共にいただく
おせち。
今年も
健やかで
幸せで
ありますように。

かまぼこで干支の飾り切り

子

丑

寅

卯

辰

巳

お正月の食卓をさらに
盛り上げるために、
かまぼこで干支を
作ってみませんか?
キュートな見た目に
くぎづけです。

丑

うし

作り方

1 1.2cm厚さのかまぼこを2枚用意する。

2 1枚を図のアイウエオのように5つに切り、下の図のように並べかえる。

3 丸型を使ってチーズを抜き、オにのせる。のり、ごまで目と鼻、体の模様を作る。

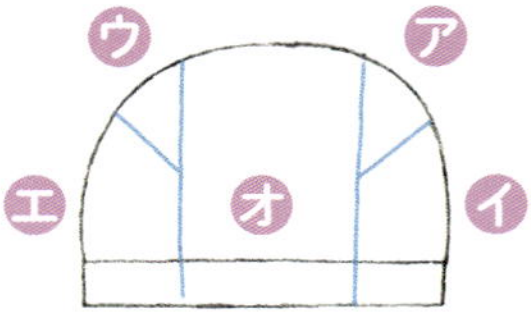

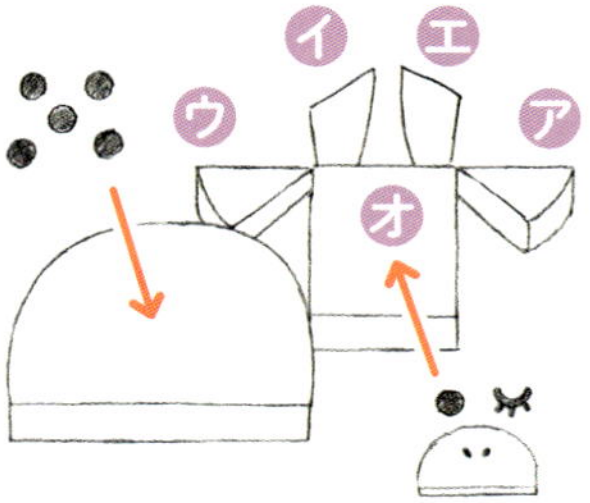

子

ね・ねずみ

作り方

1 1cm厚さのかまぼこを用意し、りんごの皮をむくように、端2cmほど残して切り込みを入れ（ア）、端を少し切り取る（イ）。

2 1で入れた切り込みの根元を三角形に切り取る（ウ）。

3 アを端からくるくると内側に巻き、ウの切り込みにはめて耳を作る。

4 図の位置に切り込みエを入れ、イを差し込んでしっぽをつける。

5 顔の下を斜めに切り（オ）、のりで目と鼻、ひげを作る

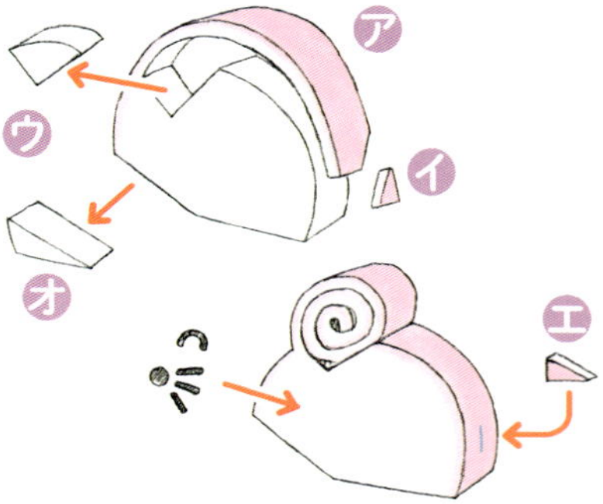

卯
う・うさぎ

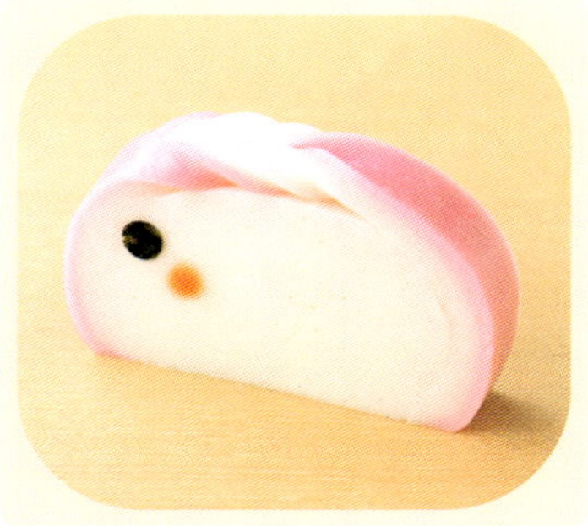

作り方

1 1cm厚さのかまぼこを用意し、りんごの皮をむくように、白い部分が残るようにやや厚めに、2/3ほどの位置まで切り込みを入れる（ア）。

2 1の切り込みの根元に縦に2cmほど切り込みを入れ（イ）、端を下から1回くぐらせる。

3 くぐらせた端を本体に沿わせて形をととのえる。のりで目を、ケチャップで頬を作る。

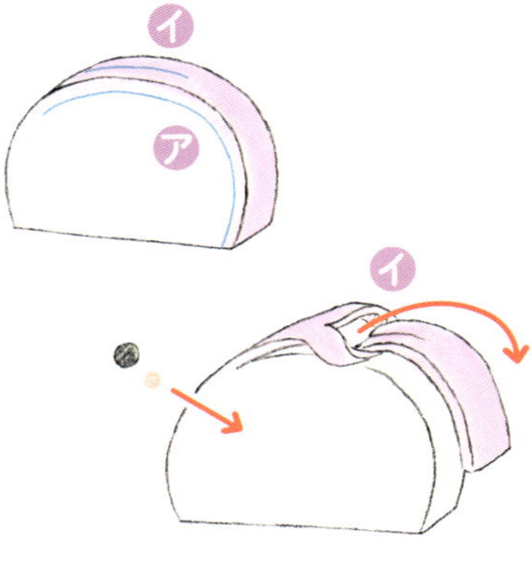

寅
とら

作り方

1 1cm厚さのかまぼこを用意する。

2 図のようにアの切り込みを左右2カ所入れ、それぞれ中心に向かってりんごの皮をむくように切り込みを入れる。山側の中央は3cmほど残す。

3 左右の切り込みアを内側に折り込み、耳を作る。

4 のりで目と鼻、顔の模様を作る。

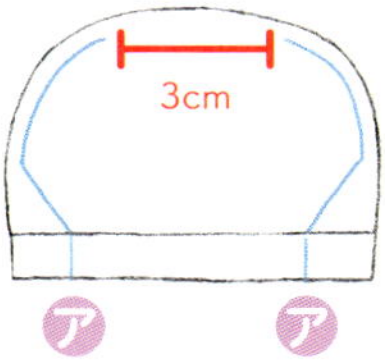

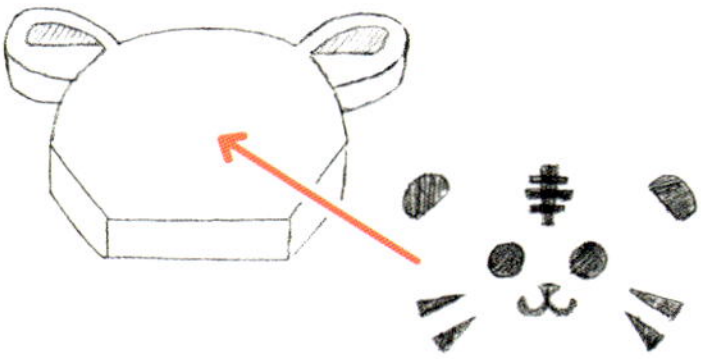

巳

み・へび

作り方

1 8mm厚さのかまぼこを縦に置く。

2 図のように斜めにア、中央にイの切り込みを入れる。

3 イの切り込みにアを下から通す。形をととのえ、のりで目を、糸とうがらしで舌を作る。

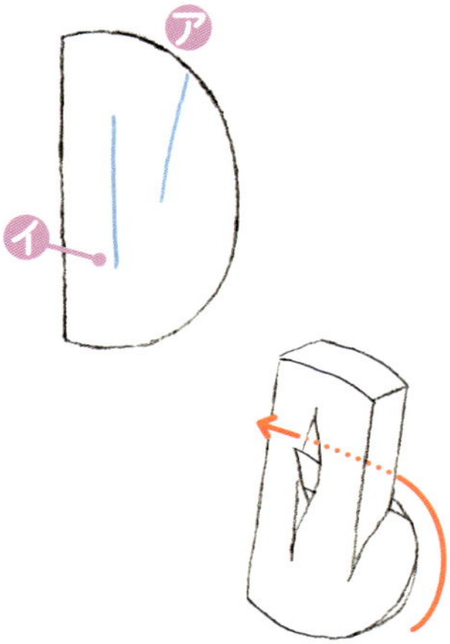

辰

たつ

作り方

1 8mm厚さのかまぼこを用意し、山側を下にして置く。

2 アの位置に切り込みを入れる。さらにりんごの皮をむくように、端を1cmほど残して切り込みを入れる（イ）。

3 アの切り込みから図のように三角形に切り取る（ウ）。エの位置に三角形の切り込みを2か所入れる。

4 オの位置に1.5cmの切り込みを入れ、ウの切れ端を差し込む。

5 チーズとのりで目を作る。

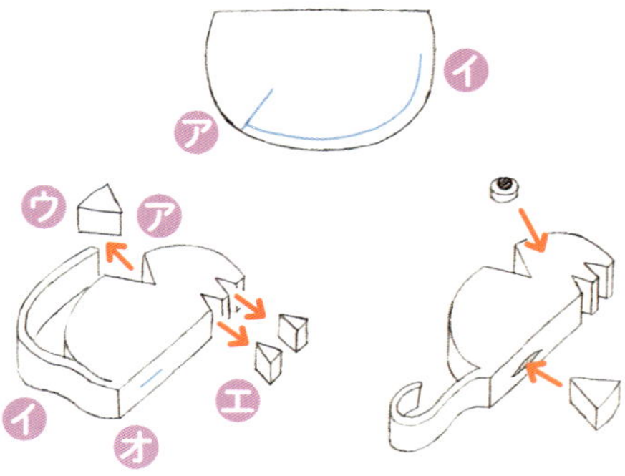

未
ひつじ

作り方

1 1cm厚さのかまぼこを用意し、りんごの皮をむくように、端3cmほど残して切り込みを入れる（ア）。

2 1で入れた切り込みの根元を三角形に切り取る（イ）。

3 アを端からくるくると内側に巻き、イの切り込みにはめて耳を作る。

4 のりで目を作る。

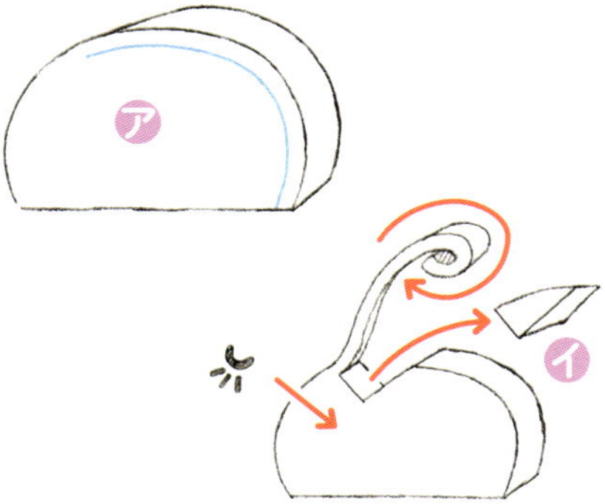

午
うま

作り方

1 1cm厚さのかまぼこを縦に置く。

2 図のように斜めにアの切り込みを入れる。上部をイのように三角形に切り取り、耳になる部分を作る。

3 ウの位置を4カ所三角形に切り取り、たてがみを作る。

4 のりで目と前髪を、丸型を使って抜いたチーズとごまで鼻を作る。

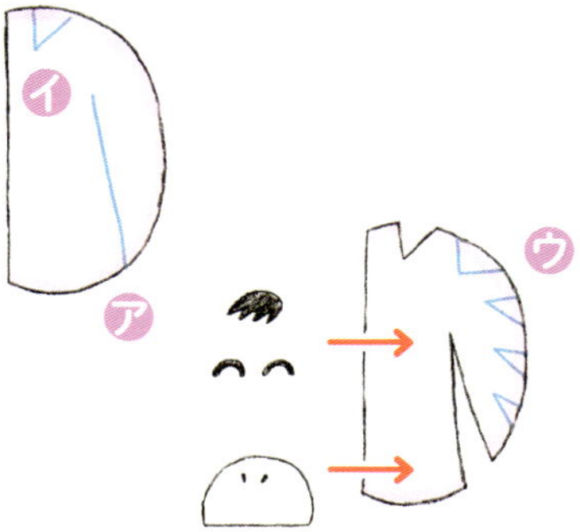

酉《とり》

作り方

1 5mm厚さのかまぼこを用意し、紅いほうを手前に向けて置く。

2 図のように中央よりやや右にアの切り込みを入れる。アから5mmほど残して、3mm幅でイ、ウの切り込みを入れる。

3 図の斜線部分を残し、切り込みを1つずつ折り込む。

4 のりで目を作る。

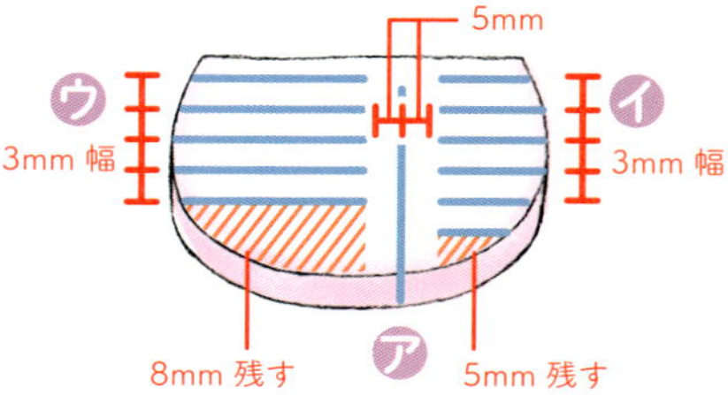

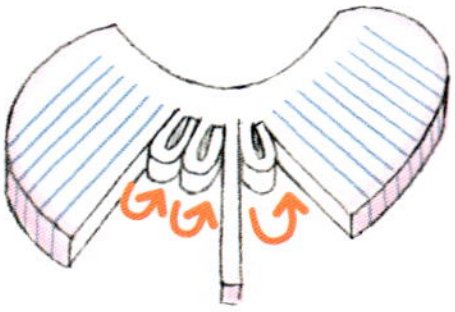

申《さる》

作り方

1 7mm厚さのかまぼこを2枚用意する。

2 1枚は紅い部分の中央に浅く切り込みを入れる（ア）。アから左右それぞれ端1cmを残して、りんごの皮をむくように切り込みを入れ（イ）、内側に折り込んで耳を作る。

3 もう1枚は端を2cm残して、りんごの皮をむくように切り込みを入れる（ウ）。

4 3を縦に置き、ウを軽く巻いて2をのせる。

5 のりで目と口、ケチャップで頬を作る。

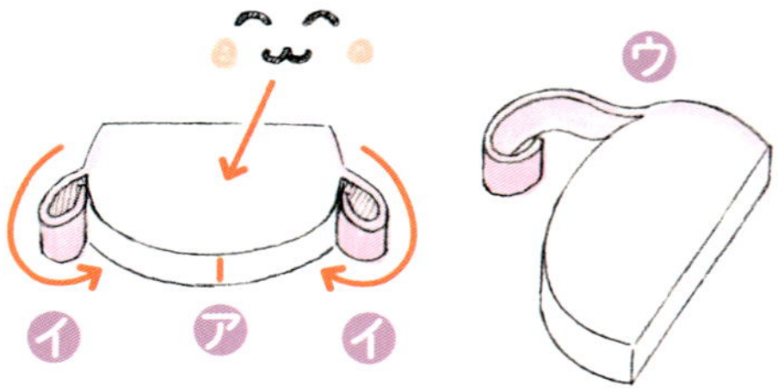

亥

い・いのしし

作り方

1. 1cm厚さのかまぼこを用意し、㋐の部分を切り取る。
2. ㋑の位置を4カ所三角形に切り取る。切れ端は2つ残しておく。
3. ストローや抜き型を使って1の切れ端㋐で目と鼻の土台を作る。
4. 2の切れ端2つを足の位置に並べる。3を図の位置に並べ、のりやごまで目、鼻などを作る。

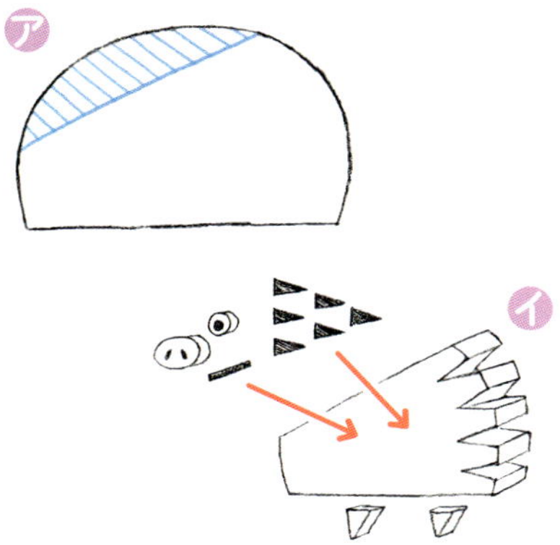

戌

いぬ

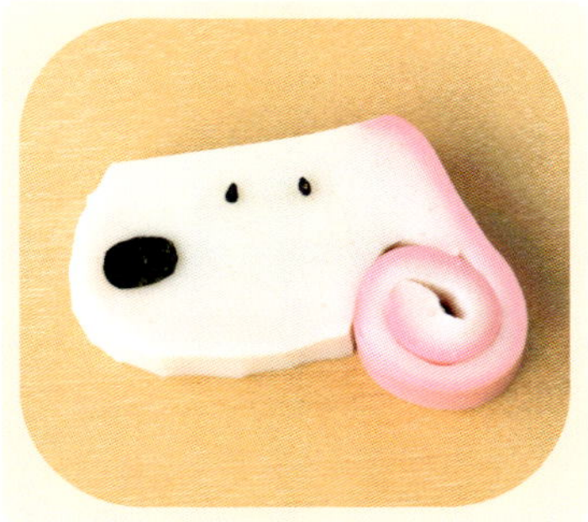

作り方

1. 1cm厚さのかまぼこを用意し、りんごの皮をむくように、端2cmほど残して切り込みを入れる（㋐）。
2. 切り込み㋐の根元を三角形に切り取る（㋑）。
3. ㋐を端からくるくると内側に巻き、㋑の切り込みにはめて耳を作る。
4. ごまで目を、のりで鼻を作る。

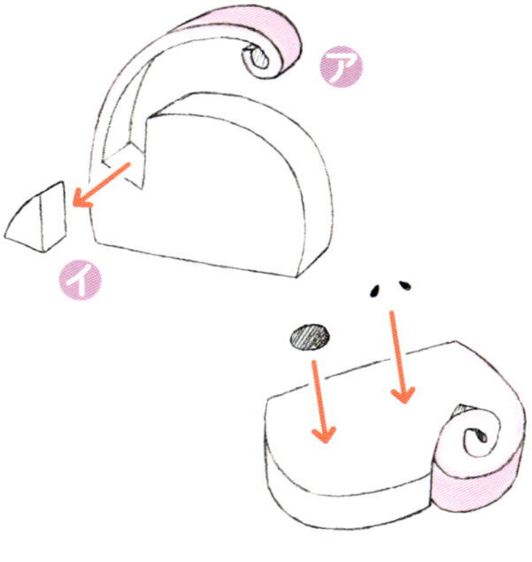

この本で使用した紀文商品のご紹介

毎日の食卓を豊かにする多彩な商品ラインナップの中から、
おすすめの商品をご紹介♪
本書のレシピでは、全てこちらの紀文の商品を使用しています。

ちくわ

竹笛®

「竹笛®」は、遠火でじっくり焼きあげた香ばしい皮の焼き目と、しなやかでシャキッとした歯ごたえが特徴の、まろやかな風味のちくわです。高たんぱく、低脂肪なので、ヘルシーなおつまみにもぴったり。

内容量

1包装
140g
(4本)あたり

- エネルギー … 134kcal
- たんぱく質 ……… 14.6g
- 脂質 …………………… 0.5g
- 食塩相当量 ……… 3.1g

歯ごたえと味わいが魅力!

焼ちくわ

「焼ちくわ」は、香ばしく焼きあげたこだわりの一品。原料には旨みの出る魚を使用しています。また、煮汁をよく含むので、おでんや煮物など、汁ごといただく料理に使うのがおすすめです。

内容量

1包装
150g
(2本)あたり

- エネルギー … 188kcal
- たんぱく質 ……… 15.9g
- 脂質 …………………… 3.2g
- 食塩相当量 ……… 3.6g

魚の旨みがたまらない!

はんぺん

はんぺん大判

ふんわり
やさしい味わい

「はんぺん大判」は、そのまま食べても、加熱してもふっくら感が続くコシのあるはんぺんです。ふんわり軽やかな口どけで、おでんや煮物など、いろいろな料理にアレンジできます。

内容量

1包装
110gあたり

- エネルギー …… 101kcal
- たんぱく質 ……… 11.4g
- 脂質 ……………… 0.2g
- 食塩相当量 ……… 1.8g

かまぼこ

心も弾む♪
彩り豊かな一品

お正月に
ぴったり!

鯛入り蒲鉾小粋 紅・白

「鯛入り蒲鉾小粋 紅・白」は、鯛とぐちのすり身を使用した風味豊かなかまぼこです。おいしさはそのままに、塩分を35%カット。おいしさと健康感を両立させた一品です。おつまみやお弁当、料理の彩りにも最適!

内容量

1包装
110gあたり

- エネルギー …… 93kcal
- たんぱく質 ……… 13.4g
- 脂質 ……………… 0.8g
- 食塩相当量 ……… 1.7g

鯛入り御蒲鉾祝月 紅・白

「鯛入り御蒲鉾祝月 紅・白」は、かまぼこ作りにおいて最高の原料とされるグチを使用した正月用のかまぼこです。グチ特有の弾力と、鯛の歯切れの良さが特徴で、魚本来の旨みとしなやかな食感が楽しめます。

内容量

1包装
250gあたり

- エネルギー … 223kcal
- たんぱく質 ……… 34.5g
- 脂質 ……………… 1.5g
- 食塩相当量 ……… 5.4g

 ※2024年11月現在の情報です。

材料別索引

ちくわ

はんぺん

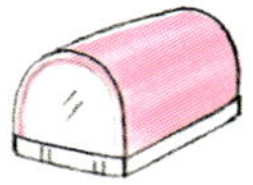
かまぼこ

ちくわ

はんぺん

かまぼこ

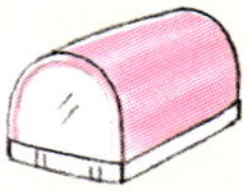

「紀文」はこれからも、365日、
ずっといつも
お客さまのそばに。

最後までお読みいただき、ありがとうございました。
本の内容は、いかがでしたか。
お楽しみいただけましたでしょうか。またご参考になりましたでしょうか。
「ちくわ・はんぺん・かまぼこ」のさらなる魅力がお届けできましたら幸いです。

ちくわ・はんぺん・かまぼこだけでなく、
紀文の商品は、３６５日、
ずっと、いつもお客さまのそばにいます。

例えば、
お正月には、伊達巻や栗きんとん、黒豆。
寒い季節には、おでんに「魚河岸あげ®」。
おでかけが楽しい季節には、おべんとうに「チーちく®」。
暑い夏には、「とうふそうめん風」。
ダイエットが気になる季節には、「糖質０ｇ麺」。

一品作るのがめんどう……と思ったときは、餃子やハンバーグ。
おうちでちょっと一杯……というときは、笹かまや塩辛。
……こんなふうに、紀文にはたくさんの商品があります。

何か食べたい！何か欲しい！と思ったときは
ぜひまわりで紀文のマークを探してみてください。

創業以来85年以上の歴史の中で培った技とお客さまとのつながりを通じて、
私たちはこれからも、おいしく安全な食を提供しつづけてまいります。

皆さまの食卓に紀文の商品が少しでもお役に立てますように。
皆さまの毎日が、楽しく、明るく、健やかでありますように。
これからもどうぞよろしくお願い申し上げます。

株式会社　紀文食品

著者

株式会社紀文食品

1938年創業。ちくわ・はんぺん・かまぼこなどの魚肉練り製品をはじめ、中華惣菜や麺状加工品、涼味、玉子加工品、デザートなどを幅広く取り扱う、日本を代表する総合加工食品メーカー。「すこやかなおいしさ、日本から」というブランドメッセージとともに、味覚としてのおいしさに加え、体や心の健やかさ、一人ひとりの楽しい体験や思い出、さらに社会的な豊かさの実現など、食を通して価値を提供しつづけている。紀文の公式Xのフォロワーは38万人以上(2024年10月現在)。「のりふ民」(ファンネーム)とのコミュニケーションはとても楽しく、常に注目されている。

STAFF

デザイン	田山円佳　石堂真菜実（スタジオダンク）
料理製作協力	ダンノマリコ
スタイリング	ダンノマリコ
撮影	佐山裕子（主婦の友社）
イラスト	カワナカユカリ Adobe Stock（P.71, P.73）
取材まとめ	加藤みのり（フィグインク）
編集	木村晶子
編集担当	町野慶美（主婦の友社）

紀《き》文《ぶん》がかなえる ちくわ・はんぺん・かまぼこの楽《たの》しい世《せ》界《かい》

令和6年12月31日　第1刷発行

著者　株式会社《かぶしきがいしゃ》紀《き》文食品《ぶんしょくひん》
発行者　大宮敏靖
発行所　株式会社主婦の友社
〒141-0021　東京都品川区上大崎3-1-1 目黒セントラルスクエア
電話03-5280-7537（内容・不良品等のお問い合わせ）
049-259-1236（販売）
印刷所　大日本印刷株式会社

　ISBN978-4-07-460629-0

■本のご注文は、お近くの書店または主婦の友社コールセンター（電話0120-916-892）まで。
＊お問い合わせ受付時間　月～金（祝日を除く）　10:00～16:00
＊個人のお客さまからのよくある質問のご案内　https://shufunotomo.co.jp/faq/